丰田精益管理系列

丰田精益管理：成本控制与管理

（图解版）

冯永华　主编

人民邮电出版社

北　京

图书在版编目（CIP）数据

成本控制与管理：图解版 / 冯永华主编. —北京：
人民邮电出版社，2015.1
（丰田精益管理系列）
ISBN 978-7-115-37539-1

Ⅰ. ①丰… Ⅱ. ①冯… Ⅲ. ①丰田汽车公司—工业企
业管理—成本管理—经验 Ⅳ. ① F431.364

中国版本图书馆 CIP 数据核字（2014）第 25871 号

内 容 提 要

成本控制是指运用会计核算提供的各种信息资料预定成本限额，按限额开支成本和费用，
将实际成本和成本限额相比较并衡量经营活动的效果，然后以例外管理原则纠正不利差异，以
提高工作效率、实现预期的成本限额的过程。

本书采用丰田精益管理的思想，为企业做好成本控制与管理工作提供了10项措施，具体包
括人力资源成本管理、薪酬与福利管理、采购成本管理、物流成本管理、库存成本管理、财务
成本管理等，目的是帮助企业以最小的成本投入实现最大化的效益，提升企业的竞争能力。

本书适合各类企业高层管理者、生产管理人员、成本管理人员、培训师以及高等院校相关
专业的师生阅读和使用。

◆ 主　编　冯永华
责任编辑　庞卫军
执行编辑　付　路
责任印制　焦志炜

◆ 人民邮电出版社出版发行　　北京市丰台区成寿寺路11号
邮编　100164　电子邮件　315@ptpress.com.cn
网址　http://www.ptpress.com.cn
北京天宇星印刷厂印刷

◆ 开本：787×1092 1/16
印张：14　　　　　2015年1月第1版
字数：150千字　　2025年9月北京第34次印刷

定　价：39.00元

读者服务热线：（010）81055656　印装质量热线：（010）81055316
反盗版热线：（010）81055315

伴随国内外市场竞争越来越激烈，许多中小企业的产品利润空间越来越小。原材料价格成倍上涨、劳动力成本快速上升、企业融资困难、产品积压严重，这些因素都严重影响了中小企业的发展，使不少中小企业在经营中举步维艰。但从另一个角度来看，这些因素将会促使企业进行产业升级、科学管理、提升生产力、节约成本、减少浪费、提高效率。那么，如何才能使企业在目前这种竞争激烈的环境中更好地生存、发展与壮大呢？我们认为丰田精益管理就是一种非常有效的解决办法。

丰田精益管理是由丰田汽车集团缔造的一种生产方式（Toyota Production System，TPS），它可以说是世界制造史上的一大奇迹。以丰田生产方式和经营管理方法为标志的日本制造业，对"生产方式""组织能力""管理方法"进行了创新，改变了21世纪全球制造业的存在形式和秩序。就我国企业的实际情况来讲，实现高品质、低成本生产的最大困扰，从根本上说并不是设备、资金、材料、技术、人才等经营资源本身，而是缺少能够使这些经营资源最有效地发挥作用的"生产方式""组织能力""管理方法"。

丰田精益管理实质上是一种独特的企业管理理论和方法，它以识别管理中的浪费并持续地减少浪费为核心思想，通过一系列方法和工具来定义管理中的问题。企业能通过精益管理来测量浪费，分析浪费产生的时间、区域、过程和原因，进而获得系统减少浪费的方法，并能通过使改进措施标准化来实现管理效率的提高。丰田精益管理注重用最少的投入获取最大的效益，即"在需要的时候，按需要的质与量，生产所需的产品"。丰田精益管理最显著的特点是强调客户对时间和价值的要求，以科学合理的制造体系来组织为客户带来增值的生产活动，缩短生产周期，从而显著提高企业适应市场瞬息万变的能力。

然而，有许多中小企业却不敢实施丰田精益管理，担心丰田精益管理要求投入大量的资源而企业承受不起；担心自行推广、实施丰田精益管理有难度以致企业无从下手；担心请外部专家进行辅导成本高，却达不到理想的目的；担心企业自身人员素质达不到丰田精益管理活动推广的要求；担心丰田精益管理推进速度慢，影响企业日常运转等。其实，丰田精益管理对企业在硬件方面的投入要求并不多，最主要的是时间的投入以及坚持正确的方式、方法。

我们的咨询老师在辅导企业推行丰田精益管理活动的过程中，发现有些中小企业虽然也轰轰烈烈地推广过该类活动，然而效果并不理想。究其原因，原来许多企业只是照搬优秀企业的一些样板，而没有真正地理解丰田精益管理活动的意义及推广的步骤、技巧、实施要领等。

基于此，我们对自己在实际辅导企业推行丰田精益管理活动过程中积累的经验进行归纳、总结，组织众多工作在企业一线的实战专家策划、编写了这套"丰田精益管理系列"图书，以帮助中小企业走出困境，更好地适应复杂多变的市场要求。该系列图书包括10本，具体为：

★《丰田精益管理：现场管理与改善（图解版）》

★《丰田精益管理：物料与仓储管理（图解版）》

★《丰田精益管理：采购与供应商管理（图解版）》

★《丰田精益管理：员工关系管理（图解版）》

★《丰田精益管理：成本控制与管理（图解版）》

★《丰田精益管理：TPM推进体系建设（图解版）》

★《丰田精益管理：生产事故防范（图解版）》

★《丰田精益管理：人力资源风险控制与管理（图解版）》

★《丰田精益管理：职业健康安全（图解版）》

★《丰田精益管理：企业文化建设（图解版）》

"丰田精益管理系列"图书的特点是内容深入浅出、文字浅显易懂，作者将深奥的理论用平实的语言讲出来，让初次接触丰田精益管理的企业管理人员也能看得懂、看得明白。同时，本系列图书利用图解的方式，能使读者阅读更轻松、理解更透彻、应用更方便。另外，本系列图书特别突出了企业在管理实践过程中的实际操作要领，读者可以结合自身情况分析和学习，并直接应用于工作中，具有很高的参考价值。

本书由冯永华主编，安建伟、宁小军、陈超、车转、陈宇娇、成晓霞、程思敏、郭鹏丽、蒋昆波、李建伟、李相田、马晓娟、王丹、王雅兰、王振彪、武晓婷、徐亚楠、赵娜、赵仁涛、谭双可、冯永华、李景安、吴少佳、赵静洁、唐晓航、陈海川、马会玲、卢硕果、庞翠玉、闻世渺、唐琼参与了本书的资料收集和编写工作，滕宝红对全书相关内容进行了认真细致的审核。

本书在编写过程中，得到了广东省中小企业发展促进会、深圳市时代华商企业管理咨询有限公司、山西管理职业学院等咨询机构、职业学院及相关企业的支持与配合。在此，作者向他们表示衷心的感谢。

C目录
ONTENTS

第1章　人力资源成本控制

　　人力资源成本是指为取得和开发人力资源而产生的费用支出，包括人力资源取得成本、使用成本、开发成本、保障成本和离职成本。人力资源也是企业获利与永续发展的几大利器之一。如何控制人力成本，提升人力竞争优势，藉以获得最大的投资报酬，应是企业实施精益化管理时需要重点解决的问题。

第2章 薪酬与福利管理

薪酬与福利的作用有两点：一是对员工过去业绩的肯定；二是借助有效的薪资福利体系促进员工不断提高业绩。因为薪酬与福利事关员工的切身利益，所以企业在设计员工薪资与福利的时候必须认真仔细，以达到对人力成本进行精益化管理的目的。

第3章　采购成本控制

　　针对影响采购成本的各因素，企业应采取恰当的精益化管理方法，在采购过程中把握主动，使采购物资的价格成本最低化。当企业物资库存下降到一定的数量时，就必须及时下单订购补充。下单订购、物料/商品陆续进货会造成库存增加，而生产/销售又会造成库存量减少，等到库存量接近零的时候，就必须再下单订购。这样反复的动作，使订购与库存量保持一定的关系。

第4章　物流成本控制

　　物流成本是指产品在实物运动过程中，如运输、包装、装卸、储存、配送等各个环节所支出的人力、财力、物力的总和。要控制物流成本，就需要物流部门和其他部门之间协同作业。在企业对物流成本进行控制时，首先需要仓库配合采购部门和生产部门做好物资的出入库管理工作，这样才能实现物流成本的精益化管理。

第5章　库存成本控制

企业的库存成本控制是为了降低进货成本，以满足生产、销售或经营的需要。但是，如果存货过多会占用较多的资金，并且会增加包括仓储费、保险费、维护费、管理人员工资在内的各项开支。企业要从订货点的选择、订货数量的确定，以及货品的分类、验收与储存等方面来降低存储成本、资金占用的机会成本，加速资金周转速度。

第6章　财务成本控制

财务成本控制是指通过以财务会计为主的各种方法，来预定企业的经营成本限额，并按限额开支成本和费用。企业通常会以实际成本和成本限额的比较结果来衡量经营活动的成绩和效果，并以例外管理原则纠正不利差异，以提高工作效率，实现财务成本精益化管理。

第7章　研发成本控制

　　一个产品的生命周期包含了产品成长期、成熟期和衰退期三个阶段。这三个阶段的成本控制管理重点分别为设计成本、生产成本和销售服务成本。很多企业在成本控制方面往往只关注对生产成本、销售服务成本等的控制。如果企业能将研发过程的成本控制作为整个成本控制的起点，就会对企业成本控制起到事半功倍的效果。

第8章　销售成本控制

　　销售成本是指企业在销售产品、自制半成品和工业性劳务等过程中发生的各项费用，包括由企业负担的包装费、运输费、装卸费、展览费、广告费、租赁费（不包括融资租赁费）；为销售本企业产品而专设的销售机构的费用，包括职工工资、福利费、差旅费、办公费、折旧费、修理费、物料消耗和其他经费。

第9章　经管成本控制

　　企业的经营管理费用是指企业为组织和管理企业生产经营所发生的各种费用，主要包括为组织和管理生产活动发生的材料、人工、劳动资料等的耗费，行政管理部门、董事会所发生的一些费用，办公费、职工教育经费、工会经费等。

第10章　信息化成本管理工具

企业信息化管理主要指将企业的生产过程、物料移动、事务处理、现金流动、客户交互等业务过程数字化，通过各种信息系统网络加工生成新的信息资源，使各层次的人们能够洞悉、观察各类动态业务中的一切信息。企业使用信息化工具有利于生产要素组合优化的决策，合理配置企业资源，以使企业能适应瞬息万变的市场经济竞争环境，获得最大的经济效益。

导读　成本控制与管理的方法

一、精益管理的起源

随着人们生活水平的提高，消费者更愿意为高品质的商品支付溢价，但国内相关企业可能还没有为此做好准备。随着企业间竞争的加剧和整体经济增长逐步放缓，企业面临的经营环境也日益严峻。例如，企业内部生产成本的上升（包括劳动力成本、原材料成本、物流成本等）以及企业外部环境的变化等都给国内企业带来了新的挑战。在这个新的背景下，国内企业必须进一步细化其增长战略，进行精益管理势在必行。

随着人类生产技术的进步以及市场竞争环境的改变，商品生产经历了手工作坊小批生产、机器化大规模生产和精益生产等发展过程，具体内容如图1所示。

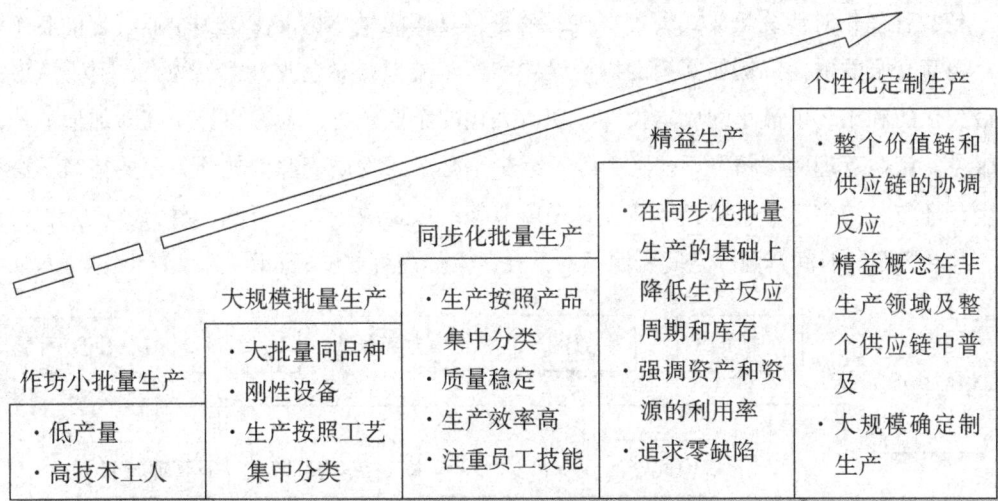

图1　精益生产进化路线图

上世纪初福特汽车公司实现了通用零件的互换，生产率大幅度提高，随后大规模生产模式逐步建立、成长和完善，实行大规模批量生产方式的厂家获得了巨额利润。在上个世纪70年代，日本汽车大规模进入美国市场后，美国汽车工业面临着重大压力。美国工业界、学术界开始重视与思考这一重大的市场变化。美国麻省理工学院在做了大量的调查和对比后，认为高质量、低消耗的生产方式是最适合现代制造企业的一种生产组织管理方式，他们将其称之为精益生产。精益生产方式的形成过程可以大致划分为四个阶段，具体如图2所示。

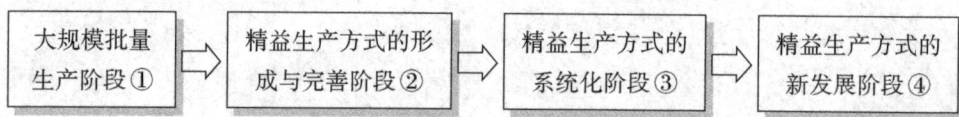

图2　精益生产的形成阶段

[阶段说明]

① 大规模批量生产阶段主要是指20世纪初，从福特汽车公司创立第一条汽车生产流水线开始，这是实现工业化生产的里程碑。

② 第二次世界大战后，日本丰田公司开始多品种、小批量生产汽车。随着日本汽车制造商大规模海外设厂，丰田高质量、低消耗的生产方式传播到了美国。

③ 1985年，美国麻省理工学院开启"国际汽车计划（Intel Mobile Voltage Postioning，简称IMVP）"研究项目，经过近10年的研究，提出并完善了精益生产的理论体系。

④ 20世纪末，很多大企业将精益生产方式与本公司实际相结合，创造出了适合本企业需要的精益管理体系。至此，精益化管理各种新理论、方法层出不穷，出现了百花齐放、百家争鸣的现象。

精益管理就是用精益求精的思想去对企业实施管理，以求实现企业效益最大化。那么，精益管理与传统管理相比，其侧重点有哪些不同呢？

精益管理相对传统粗放式管理模式，就是将具体的量化标准渗透到企业管理的各个环节，精简冗余的消耗，例如冗余的机构设置和产业流程，对企业人力、物力、财力资源进行最大化的利用，以最小的成本投入实现最大化的企业效益，为客户提供高附加值的产品或服务。精益管理的"精"反映在：除了减少不必要的物质资源消耗外，还要精简不必要的生产环节、销售环节、服务环节、管理环节等，以及减少人力资源、财力资源、物力资源、社会资源、时间资源、空间资源等的消耗，具体内容如图3所示。

图3　精益管理的内涵

二、成本控制精益管理内容

要想取得进一步的发展和进步，企业就必须开源节流，努力控制好企业的成本，实现节约化生产。如何实现成本控制，这是企业的一个重要课题。成本控制不仅涉及企业整个管理水平，而且涉及经济活动的许多方面。企业对经营成本实施精益控制管理，一般要从人力成本、物力成本及财力成本这三个方面来进行。

其中，人力成本是物流活动中的劳动者成本，包括一般的物流作业人员及企业管理人员的工资和福利待遇等；物力成本是指在制造企业的物流活动中所涉及的场地费、物料费、设备费等；财力成本则是指在开展物流活动过程中，以直接货币支付形式产生的费用，包括保险费、外包运输费、加工费、仓储费、包装费等。企业运营成本已不仅是影响企业利润高低的一个因素，而且是一个影响企业竞争力大小、生存发展潜力高低的重要问题。企业成本控制的内容如图4所示。

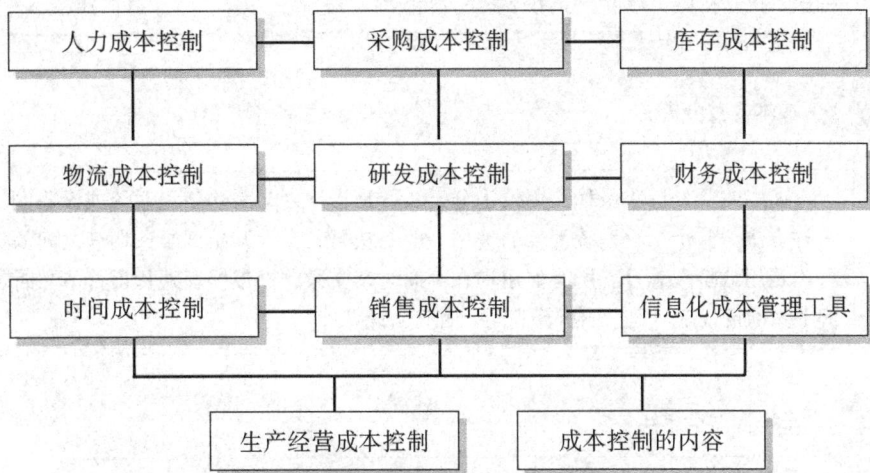

图4　成本控制的内容

三、成本控制的方法

在越来越激烈的市场竞争环境中，企业要谋求发展，就必须提高管理效益，降低管理成本。企业成本的控制主要由全体员工来完成。企业员工应时刻保持成本控制意识，并掌握各自岗位上的成本精益管理方法。一般来说，企业成本控制的方法有如图5所示的以下几种。

1 责任成本法

　　责任成本是指以具体的责任单位（部门、单位或个人）为对象，以其承担的责任为范围所归集的成本。责任成本法是按照谁负责、谁承担的原则，以责任单位为计算对象来归集的，所反映的是责任单位与各种成本费用间的关系

2 标准成本法

　　标准成本是一种将成本计算和成本控制相结合，以作为控制成本支出的依据，考核成本支出的方法。标准成本法可以简化存货核算的工作量，对于存货品种变动不大的企业尤为适用

3 定额成本法

　　定额成本法是指企业为了及时地反映和监督生产费用和产品脱离定额的差异，加强定额管理和成本控制而采用的一种计算方法。在前面所讲的成本计算方法中，生产费用的日常核算，都是按照生产费用的实际发生额进行的，产品的成本也是按照实际生产费用计算的实际成本

4 成本效益分析法

　　成本效益分析法也称费用效果分析法，是指规划与采购工程系统或设备的一种方法。整个工程系统消耗的费用一般是从研制设计开始到服务期满之间的各项费用的折现总合。所有费用均在不同时期支付，并根据反映货币价值与时间关系的折现率，把它们折算到同一时间来计算

5 生命周期成本法

　　生命周期成本法是指在产品经济有效使用期间，从产品研究开发阶段开始，经过产品规划、设计、制造、售后服务等阶段，按每一阶段累计其发生的成本。按产品生命周期成本法的要求，企业应就产品生产经营过程中所消耗的能源材料和产生的废弃物进行跟踪检测，就产品的生产、销售、使用（或消耗）过程中发生的环境支出进行全过程的累计

6 价值链成本分析法

　　价值链分析法由波特首先提出，它将基本的原材料到最终用户之间的价值链分解成与战略相关的活动，以便理解成本的性质和差异产生的原因，是确定竞争对手成本的工具。价值链分析是企业确定竞争对手成本的基本工具，也是公司进行战略定位的基础

7 作业成本法

　　作业成本法从1988年产生至今，已在西方国家获得广泛应用。该方法主要从零存货、全面质量管理、成本动因、价值链以及多技能的工人等新思维、新观念出发，从成本发生的根源上对作业管理展开分析，建立最优的动态增值标准，并从财务和经营两个方面对作业业绩进行评价，不断改进作业成本效益

图5　成本控制的方法

第 **1** 章

人力资源成本控制

.... 关键指引 ....

人力资源成本是指为取得和开发人力资源而产生的费用支出，包括人力资源取得成本、使用成本、开发成本、保障成本和离职成本。人力资源也是企业获利与永续发展的几大利器之一。如何控制人力成本，提升人力竞争优势，藉以获得最大的投资报酬，应是企业实施精益化管理时需要重点解决的问题。
....

第1节　人力资源取得成本管理

人力资源取得成本是指企业在招募和录取员工的过程中发生的成本，主要包括招聘、选择、录用和安置等各个环节所发生的费用。员工招聘并不是一件简单的工作，它有一整套的实施程序，企业人力资源管理人员必须严格控制招聘程序，这样才能用最少的成本来为企业提供最合适的人才。

1.1　招聘成本

招聘成本是指企业为吸引所需的人力资源而发生的费用，主要包括人事费用（工资、福利、加班费）、业务费用（通信费、专业服务费、信息服务费、广告费、物资及邮资费用等）、管理费用（租用临时设备、办公用具等费用）。招聘成本是人力资源取得成本的一个主要组成部分。

1. 招聘成本的构成

企业在招聘时，一般会产生如图1-1所示的成本。

1 广告费

用于发布网络、专业杂志、报纸招聘广告的媒体广告费用

2 中介机构服务费

用于支付普通人才服务机构、猎头公司、网络招聘平台的招聘服务费用

3 会务（场租）费

用于支付人才招聘会中企业租用招聘展台的费用

4 资料费

用于支付招聘材料的印刷、制作、采购费用

5 推荐费

用于支付人才推荐者的佣金的费用

6 公关费

用于支付招聘活动发生的公关费用

5 相关费用

用于支付招聘活动发生的差旅、餐饮、食宿费用

6 其他

与招聘相关的其他费用

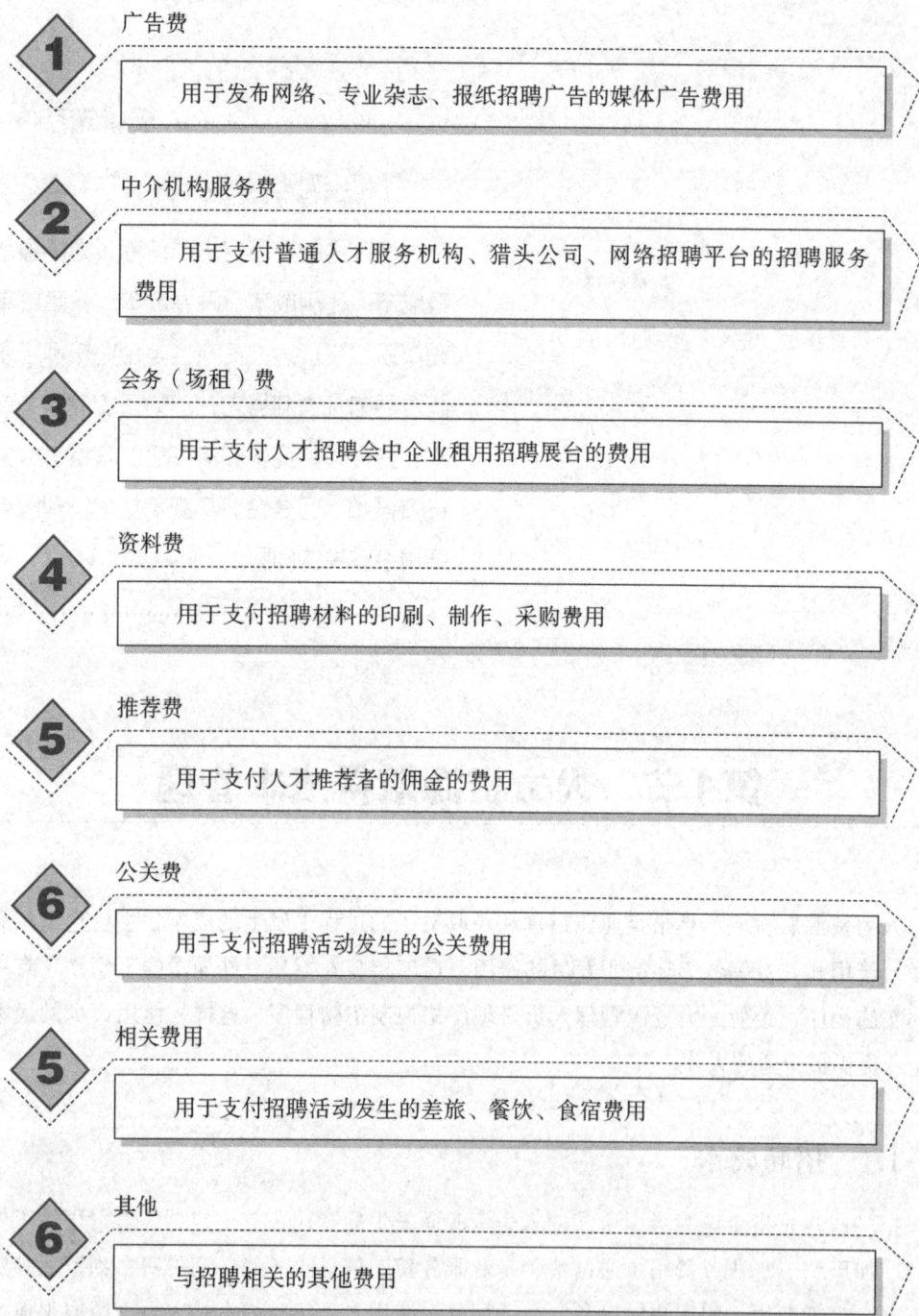

图1-1 招聘成本的构成

2. 招聘渠道的费用

企业选择的招聘信息发布渠道和招聘方式将决定什么样的人能够了解到这些信息，从而决定企业招聘到的员工数量和素质。目前常见的招聘渠道的费用及特点如图1-2所示。

内部招聘	通过内部招聘，一方面可以确保公司内部业务和文化相匹配，另一方面也可以为公司员工的职业生涯发展提供机会。此种方式不但费用低，质量有保证，更有利于激励员工奋发向上，能够帮助员工比较容易地融入企业文化
员工推荐	在一般情况下，通过员工推荐所获得的雇员在组织的任期更长，绩效表现也更好。这种方法在寻找很难招到的人才时，如招聘高科技或信息专业人才时特别有效，可节省大量费用
网上招聘	网上招聘为求职者和用人单位提供了更加便捷的互动交流平台等。专门的招聘网站按年收费，费用较低，可以发布任何数量的广告，因此可以作为一般职位招聘需求的首选方式，但对高级职位的招聘效果不理想
纸媒广告	在报纸和专业出版物上或者利用媒体刊登广告一直是征召求职者的最常见有效的方法。企业只要认真规划广告的内容、注销的时间和版面，就会得到广泛的响应，特别适用于招聘各类中高级职位人才，但费用较高
校园招聘	校园招聘通常在校园里进行，企业可以凭此方法吸引到一大批高素质的、精力充沛的、具有全新的思想和创造激情的员工。校园招聘的招聘成本低、周期短，适用于有长期人才培养计划、相同需求职位较多的公司
猎头公司	猎头公司是一种专业替企业挖掘高级主管或高级技术人员的公司。他们一般能够挖掘到那些被其他公司重用的没有流动意向的顶尖级人才。其优点是能确保人才的质量，减少经营风险，缺点是费用比较高

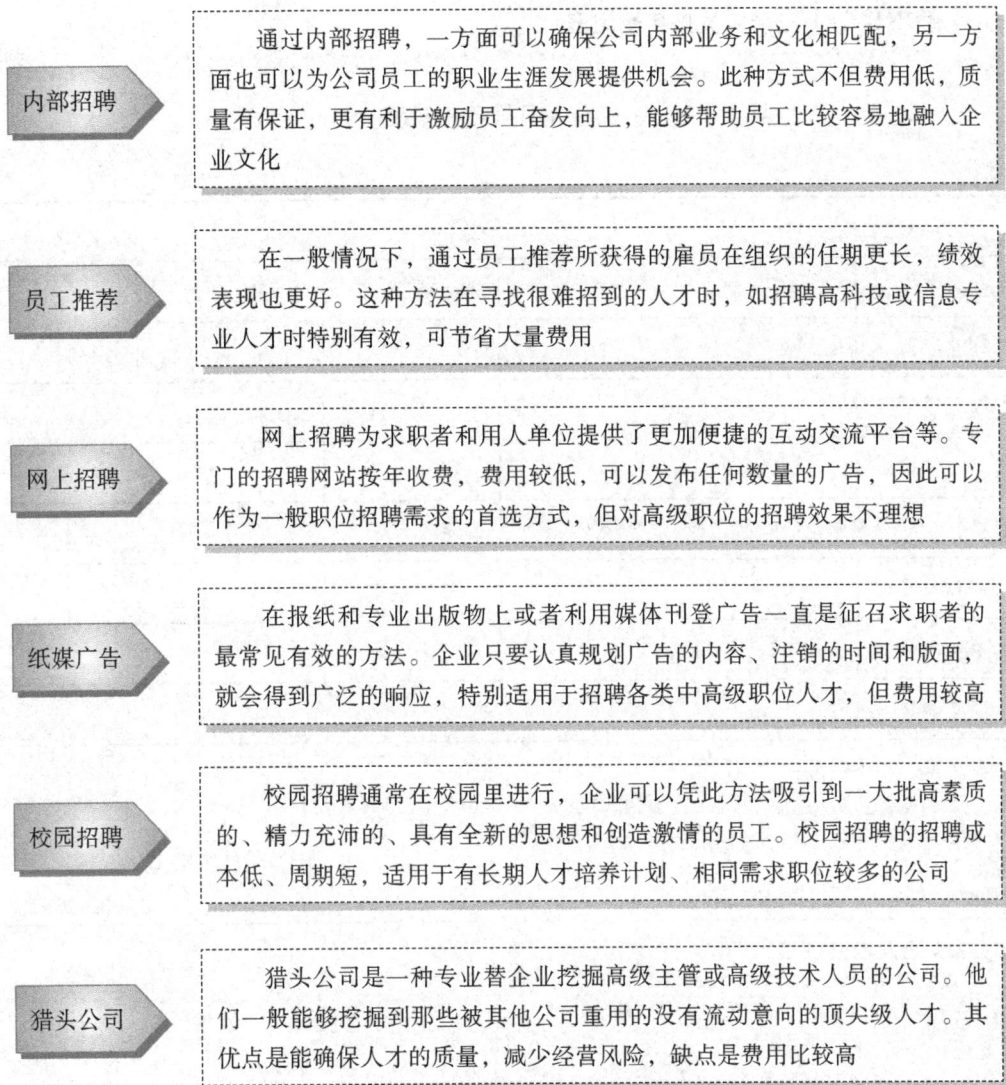

图1-2　招聘渠道的费用及特点

1.2　选择成本

选择成本是指企业为选择合格的员工而发生的费用，主要包括在各个选拔环节，如初试、面试、笔试、评论、体检等过程中发生的一切费用。企业对于选择成本的控制主要体现在人员选拔的效率上。招聘选拔的主要流程如下。

1. 报名登记

应聘人员填写报名登记表（见范本1-01），并由人力资源部检验其有关证件，以确认报名者的资格。

【范本1-01】应聘人员报名登记表

应聘人员报名登记表

编号：　　　　　　　　　　　　　　　　　　　　　日期：＿＿＿＿年＿＿＿月＿＿＿日

应聘职位				照片
姓名		性别		
出生年月	＿＿＿＿年＿＿＿月	民族		
所在系别		所学专业		
毕业学校		最高学历		
身高：＿＿＿＿厘米　体重：＿＿＿＿千克		英语水平		
兴趣爱好		健康状况		
联系电话		邮政编码		
联系地址				
主要学习、工作经历：				
相关的知识及能力：				
备注		薪金要求		

2．对应聘人员进行笔试

笔试就是先由招聘人员拟订好试卷，由应聘人员书面答卷，招聘人员根据应聘人员的答卷情况评定其成绩的测试方法。这种方法可有效地测试应聘人员的基本知识、专业知识、管理知识和技能，以及应聘人员的问题分析能力、文字表达能力等。

3．对应聘人员面试

招聘人员与应聘人员面对面地交流，通过应聘人员对问题的回答及其言谈举止，招聘人员可以了解应聘人员的语言能力、知识广度和深度、志趣等特点，从而判断其是否符合录用标准。

4．选拔成本构成的计算方法

选拔成本的大小与所需要的人员类型及招聘方法有关。一般来说，从外部招聘比从内部招聘的成本大；招聘高层人员比招聘基层人员成本大；企业通过代理机构，如猎头公司招聘时，代理费用较大；企业直接进入学校或者在人才交流会进行招聘的成本较大。选拔成本可通过如下公式计算：

$$选拔成本 = (S × △) × T + C$$

公式中，S 为负责挑选新员工的工作者的平均工资率；$△$ 为挑选新员工的人数；T 为挑选的天数；C 为对应聘者的材料的挑选、与应聘者联系的费用，以及对应聘者的面试、测试、体检费用。其他选拔成本构成的计算公式如下。

（1）初步面试的费用 = 面试时间 × 主试者的小时工资率。

（2）汇总申请资料费用 = （每份申请表资料的印发费+每人资料汇总费）×候选人数。

（3）诊断面试的时间费用 = （面试前主试者的准备时间+每位候选人的面试时间）× 主试者的平均工资率×候选人数+外聘专家费用。

（4）考试费用 = （平均每人的材料费 + 平均每人的评分成本）×参加考试人数×考试次数。

（5）心理测验费用 = 每位候选人的测验费用 × 参加测验的人数。

（6）体检费=每位候选人的体检费用×检查人数+体检时间+体检组织者的小时工资率。

1.3　录用和安置成本

1．录用成本

录用成本是指企业经过招聘选拔后，把合适的人员录用到企业所发生的费用。录用成本主要包括录取人员的录取手续费、搬迁费、旅途补助费、离职补偿金、违约补偿金等由录用引起的有关费用。有的单位可能还会给被录用人员原所在单位的调动补偿费。

调动补偿费是对调出单位用于调出人员在职期间学习、进修、培训（以下统称培训）的教育培训费的补偿，不包括调出人员培训期间的工资、奖金、补贴、津贴和各项劳保福利费、医疗费等。一般来说，录用成本的计算公式如下所示：

$$录用成本 = (S × △) × T + C$$

式中，S 为负责录用新员工的工作者的平均工资率；$△$ 为招聘新员工的人数；T 为录用的天数；C 为录用为本企业成员的过程中发生的费用，包括录用手续费等。

2．安置成本

安置成本是指企业将被录取的员工安排在某一岗位上的各种行政管理费用，包括录用部门为安置人员所损失的时间成本和录用部门安排人员的劳务费、咨询费等。现在有些单位为吸引高级人才，常常会在招聘中提出"硕士给予一次性安家费5万元，博士8万元"等条件，这些都属于安置费用。安置成本的计算公式如下所示：

$$安置成本＝（S×△）×T+C$$

式中，S为负责安置新员工的工作者的平均工资率；$△$为招聘新员工的人数；T为安置的天数；C为安排员工到确定的工作岗位上时所发生的各种费用，如相关的行政管理费用、临时的生活费用等。

第2节　人力资源开发成本管理

人力资源开发成本是指为了使招聘来的新员工熟悉业务，达到其工作岗位所要求的业务水平或为了提高在岗人员的素质而开展教育培训所发生的支出。人力资源开发成本主要包括岗前培训成本、在职培训成本和脱产培训成本。

2.1　岗前培训成本

岗前培训成本也叫定向成本，是指企业对上岗前的职工进行有关企业历史、规章制度、业务知识、业务技能等方面的教育时所发生的支出。岗前培训成本包括教育和受教育者的工资、教育管理费、学习资料费和教育设备的折旧费。

1．岗前培训的流程

岗前培训实施流程涉及许多人，最容易在细节上出错，从而导致企业培训成本的浪费。因此，在岗前培训过程中，企业一定要督促相关部门人员周密、细心地做好各项工作。新员工岗前培训的流程主要包括以下几个方面。

（1）发布培训通知书

在一些规模不大或管理不规范的企业，往往只是通过口头来传达培训信息，结果造成信息传递的延误和失真。要想准确地传达培训信息，并且避免以后诸如"不知道有培训课程""没有接到通知"此类的推诿扯皮的事情发生，人力资源经理就要起草一份正式的培训通知并发放到受训部门主管及受训人手里。

（2）签订员工培训协议书

签订员工培训协议书是对受训人员的一种约束。现实中往往存在此类现象：企业花费很多的财力和精力送员工去培训，但是培训结束后员工却以此为资本跳槽。企业事前如果没有向员工提出任何约束条件，则白白地为他人做了嫁衣。为避免类似的情况发生，企业必须与员工签订培训协议。

【范本1-02】培训协议书

培训协议书

姓名：

部门：

岗位：

培训目的：

培训机构：

培训科目：

本人因公司发展需要被派送到＿＿＿＿＿＿＿＿参加＿＿＿＿＿＿＿＿培训，时间＿＿＿天，（即从＿＿＿＿年＿＿＿月＿＿＿日至＿＿＿＿年＿＿＿月＿＿＿日）。愿与公司共同遵守以下协议：

1．培训期间本人愿意遵守培训机构的有关规定，维护本公司名誉，保证不泄露公司秘密。保证受训期间虚心学习，吸收所需知识技能，于受训期满后返回公司服务。如公司中途因工作需要要求中止受训，愿以公司利益为重，绝无异议。

2．学业完成后愿尽所学的经验、知识、技能服务于公司，并愿将所学传授给公司同事，同时将所取得相关资料留公司存档。利用所学取得的科研成果、专利、著作应以公司名义取得自有知识产权，绝不私自向外出售、泄露、转让。

3．培训学习期满后保证继续在公司服务＿＿＿＿＿年，即从＿＿＿＿年＿＿＿＿＿月＿＿＿＿＿日至＿＿＿年＿＿＿月＿＿＿日，愿按公司相关规定申请报销培训费用。

4．培训期间，公司应根据培训地点生活水平每月发给学员在职时月工资的＿＿＿＿%生活补贴，计＿＿＿＿元/月。

5．培训期间，本人愿与公司保持不间断联系，并配合公司的科研开发及项目拓展活动。

6．培训人员如有违反以上条款，需赔偿公司一切损失。如有泄露公司商业、技术秘密者，愿承担法律责任。

受训人：

企业：

法定代表人：

＿＿＿＿＿年＿＿＿月＿＿＿日

（3）提前布置好培训场所

人力资源部要提前选好培训场所，并且最好要有其他备选场所。一般情况下，企业应根据学员人数的多寡和培训的内容选择培训场所，例如选择大面积或小面积的场所、选择户外或户内、选择自备场所或是租用相关场所。

（4）准备培训设备

人力资源经理应当指定一个场地设施负责人，并由其与设备维护人员保持联系，以应对培训过程中的突发情况。在开课之前，该负责人应当再次对培训设施进行确认，把所有培训可能用到的设施和器材一一试用，以保证它们的正常运行。

（5）做好培训后勤工作

为了保证培训的顺利完成，人力资源经理一定要精心安排相应的后勤保障。在培训进行过程中，具体的后勤工作如表1-1所示。

表1-1　培训的后勤工作内容

序号	工作事项	具体内容
1	交通	企业在组织培训时一定要了解公司与培训地点间的距离。如果距离较远，企业应确认是否安排专车将学员送到培训地点？若距离较近，是否告诉学员自己选择交通工具？此时一定要交代清楚培训的确切地点，并告知培训开始时间
2	准备教学设备及辅助工具	确认投影仪、计算机等教学设备是否已经准备好？是否需要带一些相关的接线板？设备是自有的，还是要临时租用？若是租用，是否已经联系了相关租用单位？有没有对它们进行必要的检查？还要准备哪些印刷材料？这些教学设备和辅助工具由谁负责带到培训现场？明确分工并落实到人，才能保证不会遗漏所需的设备和材料
3	设定技术维护人员	设备一旦出了问题，应立即与技术维护人员联系，及时排除故障
4	茶点膳食安排	可以结合培训课程的进度来加以安排或调整。例如，有的企业会在学员的座位上放一瓶矿泉水，并于课后安排在食堂就餐
5	熟悉培训现场周围的环境	清楚地了解卫生间、电梯的位置，安全通道的路径，以在危险时临危不乱。熟悉周围环境，可以向有需要的学员建议住宿、饮食、坐车等的合适地点

（6）培训签到

学员到达培训地点后应在专门的"签到表"上签到。"签到表"的内容要包括姓名、部门等简单的个人信息。企业应安排专门人员负责学员的签到，以便掌握学员的出勤情况。

（7）整理培训记录及资料

培训的档案管理工作包括建立培训档案和对各类培训资料进行分类分档，以便决定今后的培训以及为企业人力资源部进行人员考核、晋升、奖惩工作提供重要依据。

2．岗前培训成本的计算方法

岗前培训成本一般可以划分为以下两种情况。

（1）熟悉成本

熟悉成本是指为使新职员熟悉企业的规章制度、生产产品、生产过程、机器设备、厂区环境以及其他有关情况所发生的成本。具体来说，它主要包括颁发给新员工的资料费和负责这项工作的管理人员的费用。

（2）非正式培训成本

非正式培训成本又称上岗前的培训成本，是指在新员工正式开始工作前，为使他们能掌握一部分新工作所需要的特殊技能和知识而付出的培训成本。

企业岗前培训成本可通过如下公式计算出来：

$$岗前培训成本 = (S \times \triangle + A \times M) \times T + C$$

式中，S 为负责指导新员工的工作者的平均工资率；$\triangle$ 为招聘工作者的人数；A 为新员工的工资率；M 为新员工人数；T 为新员工受训的天数；C 为与新员工培训相关的管理费、资料费以及培训设备折旧费用。

2.2 在职培训成本

在职培训成本是指在不脱离工作岗位的情况下对在职工职工进行培训所发生的费用，包括培训人员的工资、培训中所耗费的材料费和在职人员参加业余学习的图书资料费、学费等。在职培训成本可分为岗前培训成本和岗位再培训成本，表现为直接投资成本与间接投资成本。在职培训的总成本的计算公式为：

$$K_2 = M_1 + M_2$$
$$= (S \times \triangle + A \times t) \times T \times N + M_2$$

式中，S 为指导工作者的平均工资率；$\triangle$ 为指导工作人员的人数；A 为新员工的平均工资率；M 为新员工人数；t 为新员工被指导的次数；T 为指导工作者被指导的次数；N 为每次被培训的人数；M_2 为岗前培训间接投资成本（即因开展岗位培训间接地使有关部门或人员的工作效率下降而使企业受到的损失），它包括培训人员岗位损失费用；因受训人员不熟练而造成的损失；培训中的各种管理费用以及材料费。岗位再培训投资成本（K_3）的计算与岗前培训成本计算方法类似。其公式为：$K_3 = C + S$。

式中，C 为岗位再培训的人工费、材料费及管理费；S 为各种培训造成的损失费。

2.3 脱产培训成本

脱产培训成本是指企业根据工作和生产的需要对在职职工进行脱产培训时所发生的支出。进行脱产培训时，企业可以根据实际情况采取委托其他单位培训、委托有关教育部门培训或企业自己组织培训的形式。根据所采取的培训方式，脱产培训成本可分为企业内部脱产培训成本和企业外部脱产培训成本。企业外部脱产培训成本包括培训机构收取的培训费、被培训人员的工资、差旅费、补贴、住宿费、资料费等。企业内部脱产培训成本包括培训者和被培训者的工资、培训资料费、专设培训机构的管理费。

1．委托培训机构培训

委托培训机构培训的投资成本（K_4）的计算公式为：

$$K_4 = V + W + C + S$$

式中，V为培训机构收取的培训费；W为受训人员的工资及福利费；C为差旅费、资料费；S为受训人员离岗损失费。

2．企业内部组织的培训投资

企业内部组织的培训的投资成本（K_5）的计算公式为：

$$K_5 = W_1 + W_2 + V + C + S$$

式中，W_1为培训所需聘任教师或专家的工资及福利费用；W_2为受训人员的工资及福利费；V为培训所需的一些材料费；C为组织培训的各种管理费用；S为被培训人员的离岗损失费用。

人力资源开发总成本的计算公式为：

$$K = K_1 + K_2 + K_3 + K_4 + K_5$$

2.4 培训效果评估

企业在对人力资源的开发成本进行管理时，必须要对培训效果加以评估。只有做好评估工作，才能准确得知培训效果，以便调整或改进培训方案，达到精益化成本管理的目标。

根据培训成果评估的程度不同，可以将其划分为四级评估，具体内容如图1-3所示。

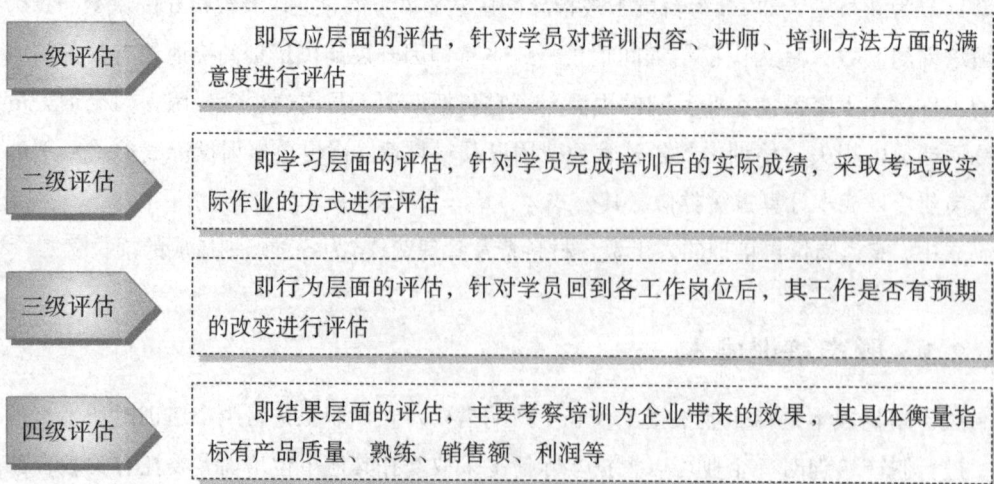

一级评估	即反应层面的评估，针对学员对培训内容、讲师、培训方法方面的满意度进行评估
二级评估	即学习层面的评估，针对学员完成培训后的实际成绩，采取考试或实际作业的方式进行评估
三级评估	即行为层面的评估，针对学员回到各工作岗位后，其工作是否有预期的改变进行评估
四级评估	即结果层面的评估，主要考察培训为企业带来的效果，其具体衡量指标有产品质量、熟练、销售额、利润等

图1-3　四级评估

第3节 人力资源使用成本管理

企业使用人力资源需要支付使用成本。人力资源使用成本体现在报酬上，但报酬不仅仅是传统观念上的工资、奖金。人力资源使用成本主要包括以下三个部分，具体如图1-4所示。

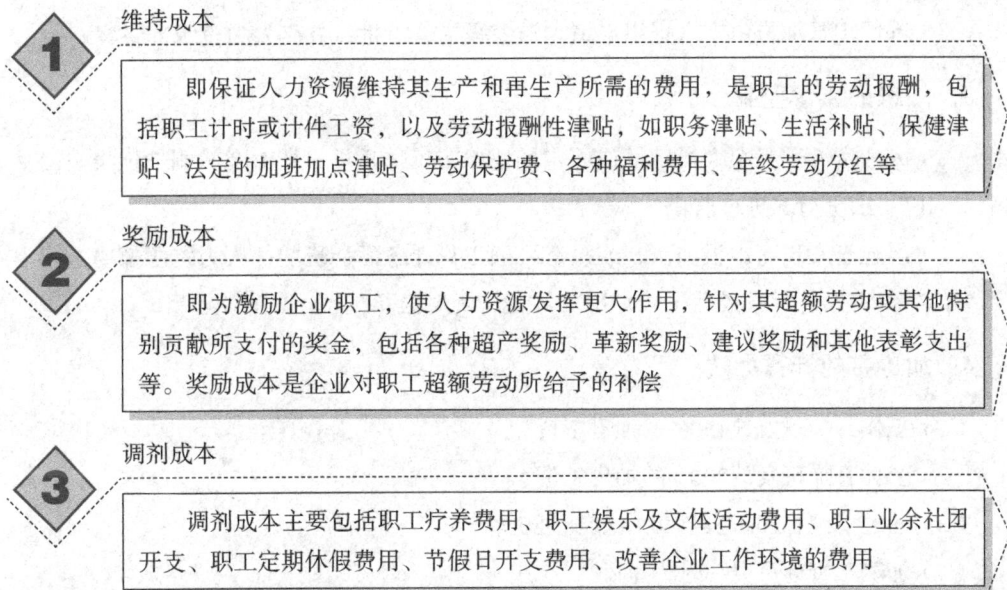

1 维持成本

即保证人力资源维持其生产和再生产所需的费用，是职工的劳动报酬，包括职工计时或计件工资，以及劳动报酬性津贴，如职务津贴、生活补贴、保健津贴、法定的加班加点津贴、劳动保护费、各种福利费用、年终劳动分红等

2 奖励成本

即为激励企业职工，使人力资源发挥更大作用，针对其超额劳动或其他特别贡献所支付的奖金，包括各种超产奖励、革新奖励、建议奖励和其他表彰支出等。奖励成本是企业对职工超额劳动所给予的补偿

3 调剂成本

调剂成本主要包括职工疗养费用、职工娱乐及文体活动费用、职工业余社团开支、职工定期休假费用、节假日开支费用、改善企业工作环境的费用

图1-4 人力资源使用成本的分类

3.1 员工加班费用的控制

企业在对使用成本进行精益化控制时，主要是指对员工加班费用的控制。

按照《中华人民共和国劳动法》（以下简称《劳动法》）的规定，加班费是平日工资的2倍或3倍，因此员工经常加班会增加许多人工成本。企业一般会严格控制加班，以有效地降低人力资源使用成本。

1. 加班的界定

当工作中出现以下情况时，员工可以按照相关规定安排加班。

（1）原定工作计划由于非自己主观的原因（即设备故障、临时穿插了其他紧急工作等）而导致不能在原定计划时间内完成但必须在原定计划内完成的（如紧急插单，而原订单也必须按期完成）。

（2）临时增加的工作必须在某个既定时间内完成的（如参加展会）。

（3）某些必须在正常工作时间之外也要连续进行的工作（如抢修设备）。

（4）某些限定时间且期限较短的工作（如仓库盘点）。

（5）其他公司安排的加班（加点）工作。

2．加班的申请及审批流程

（1）一线员工的加班由各组组长提出申请，送各部门主管审批，并交人力资源部备案。

（2）企业职能部门普通员工的加班由本人提出申请，送本部门主管审批，并交人力资源部备案。

（3）部门主管加班由本人提出申请，送上级主管审批，并交人力资源部备案。

3．加班的监督控制

（1）人力资源部组织人员定期或不定期地检查工作日报，核对考勤刷卡记录与门禁系统记录，以对加班情况进行监督。

（2）经检查发现有虚报加班，或没有明确工作任务而加班的，人力资源部要对当事人及当事部门负责人进行通报批评，并扣发其当月绩效工资。

4．加班费的计算办法

（1）工作日加班发放150%的加班工资。

（2）公休日加班发放200%的加班工资。

（3）法定节假日加班发放300%的加班工资。

（4）加班工资计算以小时为基础。

（5）加班工资每月结算一次，并编制"加班费明细表"（见范本1-03），报财务部审核后，由人力资源部随当月工资一起发放。

【范本1-03】加班费明细表

加班费明细表

日期				工作内容及地点	实际加班时间（时数）	加班费	午餐费
起		讫					
月	日	月	日				

总经理：　　　会计：　　　出纳：　　　审核：　　　申请人：

5．计件制的加班费计算办法

对于实行计件工资制的劳动者，用人单位应当根据《劳动法》第三十六条规定的工时制度合理确定其劳动定额和计件报酬标准。

实行计件工资制的劳动者在完成计件定额任务后，用人单位安排其在法定工作时间以外加班加点的，应当根据相关劳动法的规定，分别按照不低于其本人法定工作时间计件单价的150%、200%、300%支付加班加点工资。

3.2 加班费的控制技巧

1．建立、健全加班控制制度

（1）不鼓励加班。

（2）员工加班必须由单位安排或批准。

（3）非单位安排或批准的"加班"不视为加班。

（4）限制加班时数，明确加班审批程序。

2．有效运用特殊工时制

对于因生产特点不能实行标准工时制度的企业，可以实行不定时工作制和综合计算工时工作制。企业实行不定时工作制和综合计算工时工作制，主要是指企业因生产特点或工作性质等原因必须在一段时间内进行连续生产或工作，而采用集中工作、集中休息、轮休调休、弹性工作时间等方式，确保职工的休息、休假权利和完成生产、工作任务的工时制度。企业使用综合计算工时工作制和不定时工作制时需符合法定的条件并经过审批。

（1）不定时工作制

《关于企业实行不定时工作制和综合计算工时工作制的审批办法》规定，企业对符合下列条件之一的职工，可以实行不定时工作制。

（一）企业中的高级管理人员、外勤人员、推销人员、部分值班人员和其他因工作无法按标准工作时间衡量的职工。

（二）企业中的长途运输人员、出租汽车司机和铁路、港口、仓库的部分装卸人员以及因工作性质特殊，需机动作业的职工。

（三）其他因生产特点、工作特殊需要或职责范围的关系，适合实行不定时工作制的职工。

（2）综合计算工时工作制

《关于企业实行不定时工作制和综合计算工时工作制的审批办法》规定，企业对符合下列条件之一的职工，可实行综合计算工时工作制，即分别以周、月、季、年等为周期，综合计算工作时间，但其平均日工作时间和平均周工作时间应与法定标准工作时间基本相同。

（一）交通、铁路、邮电、水运、航空、渔业等行业中因工作性质特殊，需连续作业的职工。

（二）地质及资源勘探、建筑、制盐、制糖、旅游等受季节和自然条件限制的行业的部分职工。

（三）其他适合实行综合计算工时工作制的职工。

3．运用调休制

（1）员工加班后各部门首先为其安排调休，员工也可要求公司给予与其加班同等的时间的调休。各部门主管/经理须尽量在适当时间安排员工调休。

（2）员工也可要求将加班时间累积到一起调休，但原则上调休时间最长不得超过一周。具体调休时间由员工所在部门的主管/经理安排。

4．加班费计算基数的控制

有劳动合同的以合同约定的工资作为计发基数；没有劳动合同的，如果有岗位技能工资，以岗位工资和技能工资之和作为基数；没有岗位技能工资的，一般以实得工资的70%作为工资基数。

5．注意加班费追索时效

《最高人民法院关于审理劳动争议案件适用法律若干问题的解释（二）》规定：

第一条　人民法院审理劳动争议案件，对下列情形，视为劳动法第八十二条规定的"劳动争议发生之日"：

（一）在劳动关系存续期间产生的支付工资争议，用人单位能够证明已经书面通知劳动者拒付工资的，书面通知送达之日为劳动争议发生之日。用人单位不能证明的，劳动者主张权利之日为劳动争议发生之日。

（二）因解除或者终止劳动关系产生的争议，用人单位不能证明劳动者收到解除或者终止劳动关系书面通知时间的，劳动者主张权利之日为劳动争议发生之日。

（三）劳动关系解除或者终止后产生的支付工资、经济补偿金、福利待遇等争议，劳动者能够证明用人单位承诺支付的时间为解除或者终止劳动关系后的具体日期的，用人单位承诺支付之日为劳动争议发生之日。劳动者不能证明的，解除或者终止劳动关系之日为劳动争议发生之日。

第二条　拖欠工资争议，劳动者申请仲裁时劳动关系仍然存续，用人单位以劳动者

（续）

> 申请仲裁超过六十日为由主张不再支付的，人民法院不予支持。但用人单位能够证明劳动者已经收到拒付工资的书面通知的除外。
>
> 　　第三条　劳动者以用人单位的工资欠条为证据直接向人民法院起诉，诉讼请求不涉及劳动关系其他争议的，视为拖欠劳动报酬争议，按照普通民事纠纷受理。

6．巧妙设计薪酬制度

企业如何巧妙设计薪酬制度可以参见本书第二章——薪酬与福利管理的相关内容。

7．约定加班工资

在与员工签订劳动合同的时候，企业可以与员工提前约定好加班工资的计算方法。这种约定一般出现在单位无法确定员工每周具体的加班时间的情况下，如约定："单位给劳动者的月工资标准为3 000元，该工资包括加班费""单位给劳动者的月工资标准为3 000元，该工资包括平时加班、休息日加班和法定节假日的加班费"等。

在司法实践中，这样的约定也不乏获得劳动争议仲裁委员会或法院的支持，他们给出的理由多是这样的约定属于书面约定，单位已经充分告知了劳动者，属于双方真实意思的表示，故予以确认。

第4节　人力资源离职成本管理

离职成本是指企业在员工离职时可能支付给员工的离职津贴、一定时期的生活费、离职交通费等费用，主要包括解聘、辞退费用及因工作暂停而造成的损失等。

4.1　离职成本的构成

1．离职补偿成本

离职补偿成本是指企业辞退员工或员工自动辞职时，企业所应补偿给员工的费用，包括至离职时间止应付给员工的工资、一次性付给员工的离职金、必要的离职人员安置费用等支出。

2．离职前后低效成本

离职前后低效成本是指员工即将离开企业时或离开企业后给企业造成的工作或生产低

效率损失的费用。

3. 空职成本

空职成本是指员工离职后职位空缺所造成的损失费用。某职位出现空缺后可能会使某项工作或任务的完成受到不良影响，从而给企业造成损失。

4. 离职管理费用

离职管理费用是指在员工离职过程中，管理部门为处理该项事务而发生的费用。

【范本1-04】员工离职成本核算表

员工离职成本核算表

姓名：　　　　　　岗位：　　　　　　　　离职总成本：

项目	成本明细	数量	单位	说明
培训开发成本	培训人员月工资		元/小时	包括薪资福利等全部支出
	培训花费工时		小时	培训该员工时所花费的时间
	其他培训费用		元	与培训相关的其他费用，如材料费、交通费、活动费等
	每月培训成本小计	0	元	由培训人员的时间成本+培训其他费用
管理成本	直属主管分管的人员数		人	下属总数
	直属主管分管人员时间		小时	直属主管用于人员管理的时间占总体时间的三分之一
	直属主管的月工资		元/小时	包括含薪资福利等全部支出
	人力资源离职、入职手续办理人员薪资		元/小时	人力资源离职、入职手续办理人员的薪资、福利等
	平均每个手续的办理时间		小时	流程办理所用的具体时间
	每月管理成本小计	0	元	直属主管的管理成本+人力资源相关手续的办理成本
再招聘成本	面试一名人员所需成本		元/人	引用"面试时间成本"所得数据
	招聘一名员工需面试多少人		人	一般面试____个人才会确定一名员工
	招聘甄选、录用的准备成本		元/人	主要包括确定招聘策略及招聘渠道、修订岗位描述、准备招聘广告、选择、测试等所用成本
	每月其他成本小计	0	元	面试一名人员的时间投入成本+其他材料及渠道成本

（续表）

项目	成本明细	数量	单位	说明
再招聘人员试用	再招聘人员底薪（试用工资）		元/月	再招聘人员薪资底薪
	再招聘人员社保及福利		元/月	薪资以外的其他人力成本支付
	再招聘人员各项运营费用成本		元/月	除培训和薪资福利外的其他费用支出
	再招聘人员适应岗位的周期成本		月	新招聘员工录用至正式上岗所需的周期成本
	每月运营成本小计	0	元	再招聘人员的各项费用支出×正式上岗所需的周期（如销售经理必须经过1个月的培训才能上岗）
差异成本	离职人员原薪资福利合计		元/月	原薪资福利与再招聘人员薪资福利之差（可正可负）
	再招聘人员薪资福利合计		元/月	
	再招聘人员与原离职员工的绩效之差		元/月	上岗后六个月以内的绩效
	岗位空缺后节省的薪资及福利		元/月	没有招聘或无需再招聘（原岗位由于员工离职而空缺）
	差异成本小计	0	元	离职人员与再招聘人员的各项费用之差+再招聘人员的由于原岗位业绩之差+岗位空缺后节省费用
离职人员访谈人力成本	离职人员访谈时间		小时	离职时对其挽留、协商等所用的商谈时间（平均/人）
	部门访谈人员薪资		元/小时	部门访谈人员的薪资支付成本
	人力资源访谈人员薪资		元/小时	人力资源访谈人员的薪资支付成本
	每月其他成本小计	0	元	针对人员离职，其主管及人力资源部所作的挽留或产生纠纷所作的沟通处理等工作的费时成本
相关补偿	离职补偿金		元	员工每工作一年，离职时多支付其一个月工资（辞退、协商解除）
	代通金		元	提前一个月通知，一个月工资
	其他实际支付费用		元	其他在离职时实际支付的费用

（续表）

项目	成本明细	数量	单位	说明
相关补偿	因离职产生的纠纷仲裁等费用		元	如仲裁材料准备费用或相关手续支付费用，按实际支付计算
	每月其他成本小计	0	元	各项实际支付费用的总计
岗位空缺损失	该岗位空缺周期		月	员工从该岗位离职到新员工到岗的中间阶段
	因岗位空缺所造成的损失		元/月	平均劳动生产率×该岗位投入成本−投入成本
	要额外加班的成本		元/月	因岗位空缺，需要其他人员加班完成工作而额外支付的劳动时间成本
	主管级人员协调完成空缺岗位工作的成本		元	因岗位空缺，主管需要协调其他人员负责该岗位工作所造成的管理时间成本
	损失生产率费用小计	0	元	空缺损失×空缺周期+加班成本+主管协调成本
离职前后生产率降低	离职前后生产率降低周期		元	因员工有意离职和新人到岗适应阶段导致生产率降低的周期（一般为一个月）
	生产率降低程度		%	员工生产率降低后可达到的产出水平，一般为70%
	损失生产率降低成本小计		元	（劳动投入−降低程度×劳动投入×劳动生产率）×周期
造成市场的损失	销售方面的损失		元	离职人员至竞争对手方所造成的损失，即潜在市场销售额的下降
	知识产权的流逝成本		元	重要的资料文件、知识和技能等的流失
	维护和恢复供应商及客户的成本		元	有关客户、供应商因员工离职而中断产生的损失或维持和恢复关系的成本
	公司历史、文化的流失成本		元	公司在员工心中建立的企业历史和企业文化因员工流失而受到影响
	损失成本小计	0	元	各项损失费用的合计

测算说明：1. 本表可根据公司情况测算出一名员工的用工成本；
　　　　　2. 劳动生产率 = 产出/劳动力投入。

4.2　离职流程中的成本控制

1. 离职面谈管理

离职面谈并不是一项简单的工作，它需要特殊的技巧，包括提供安全舒适的沟通环境、建立融洽的关系及很专业地运用探测性问题。离职面谈不仅仅是两个人之间的随意谈话，其内容要经过专门的调查、表述、编辑，以确保其内容充实、清晰，具有连贯性，容易理解。一个有效的面谈可以增进交谈双方间的了解，消除误解，甚至化解矛盾，因此企业人事管理人员应有目地做一些面谈的准备。离职面谈是企业将离职人员的知识和经验转移给其接任者的一次机会，成功的离职面谈可以有效降低员工离职造成的低效成本和空职成本。

一般来说，辞职面谈的内容涉及该员工对企业制度、自身工作、主管和同事的看法，具体如范本1-05所示。

【范本1-05】员工离职面谈表

员工离职面谈表

编号： 　　　　　　离职者： 　　　　　　离职者职务：

主持面谈者： 　　　　　　面谈日期：＿＿＿＿年＿＿＿月＿＿＿日

面谈项目		回答内容
企业制度	你对企业总的感觉如何	
	你是否得到了足够的培训	
	你是否得到了有关你的工作表现的反馈	
	有关你的工作表现的评价是否公正、细致	
	你对报酬感觉如何	
	你认为我们的福利待遇如何？还需要作什么改进	
工作本身	你对辞去的工作感觉如何	
	你的工作是否能使你的专业有所长进	
	你认为工作环境能否为你的工作创造良好的条件	
主管	你对你的主管感觉如何？他的管理能力如何	
	你是否向你的主管反映了你的问题和不满	
	他是否能满意地解决这些问题	
同事	在工作中，你与同事合作得怎么样	
新企业	新企业在哪些方面吸引你去为其效力	
	你的新职位能够提供本企业现在不能提供的什么东西	
离职原因求证	当你加入本企业时，你一定觉得你能实现自己的职业目标，是什么导致你改变主意的呢	
	是什么原因使你想到辞职	
建议	我们如何做你才会留在企业	

2．办理相关离职手续

离职面谈结束后，由人力资源部为辞职员工办理离职手续。手续完成后，该员工方可正式离职。企业人事部门管理人员高效地办理离职手续可以有效降低离职管理费用。一般来说，员工离职应办事项如范本1-06所示。

【范本1-06】员工离职应办事项

员工离职应办事项

部门		职称		姓名	

已奉准于_____年___月___日离职，请依下列所载项目办理离职手续

顺序	应办事项	经办部门	经办人签章	扣款金额
1	经办工作交接清楚（业务人员应列册）	服务部门		
2	职章	总经理办		（限主管人员）
3	住宿人员办理退舍			
4	缴回制服、钥匙	行政部		
5	缴回个人领用的文具用品			
6	缴回员工手册			
7	缴回识别证			
8	办理退保退会			
9	填写离职人员意见表	人力资源部		
10	填写停薪单并送交财务部			
11	填写人员异动记录簿、取消插条、人员状况表、名册			
12	审核上列事项	人力资源经理		
13	有无欠账？有无财务未清事项	财务部		
14	发薪审核	财务主管		
备注	1．上列事项办理清楚后，员工方可离职 2．财务部凭本单核发离职人员薪金后，转回人力资源部存查			

3．收集离职员工资料

离职面谈是针对离职员工个体进行的调查工作，因此，企业得到的离职员工信息不免有偏颇之处。要了解离职员工整体的情况，对人力资源部员工管理工作作出比较客观的评价，还要依靠员工离职后的调查和分析。这项工作主要分为以下几个方面。

（1）收集内容

收集的内容主要包括离职员工的类别、离职的原因；企业关于员工离职的相关政策，以及同行业员工的平均离职情况。

（2）收集方式

可以通过员工离职访谈、问卷调查等方式进行资料收集。

4．分析离职原因

有了足够且真实的资料后，企业需要整理并解读这些资料，做好离职分析工作。例如，人力资源经理发现某个部门的员工离职率特别高，通过解读、分析资料发现，可能是该部门的主管给予员工的自主性及弹性不足，造成员工对工作不满；或者是招聘程序不当，无法有效筛选出不适合企业或喜欢更换工作的求职者，以致员工待在企业的时间无法长久等。

找出问题后，企业就要针对各个问题找出解决的方法。例如，男性员工和女性员工的离职率相差不多，但离职的原因却大不相同。女性员工常因家庭因素、升迁机会不佳等因素离职。因此，要减少女性员工的离职，就应从提供家庭帮助、晋升机会等方面入手。

学习笔记

通过学习本章内容，想必您已经掌握了不少学习心得，请仔细填写下来，以便巩固学习成果。如果您在学习中遇到了一些难点，也请如实写下来，以备今后重复学习，彻底解决这些学习难点。

同时本章给出了大量图表范例，与具体的理论内容互为参照和补充，方便您边学边用，请读者如实填写您的运用计划，以使工作与学习相结合。

我的学习心得：

1. _____
2. _____
3. _____

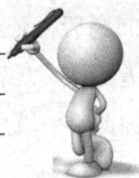

我的学习难点：

1. _____
2. _____
3. _____

我的运用计划：

1. _____
2. _____
3. _____

第 2 章

薪酬与福利管理

········ 关键指引 ········

薪酬与福利的作用有两点：一是对员工过去业绩的肯定；二是借助有效的薪资福利体系促进员工不断提高业绩。因为薪酬与福利事关员工的切身利益，所以企业在设计员工薪资与福利的时候必须认真仔细，以达到对人力成本进行精益化管理的目的。

第1节 薪酬体系设计

薪酬一般是指经济类报酬。薪酬主要由以下几部分构成：基本薪酬、奖励薪酬（奖金）、附加薪酬（津贴）、补贴薪酬、红利、酬金和福利。

1.1 薪酬的构成

薪酬的表现形式是多种多样的，主要包括工资、资金、津贴或补贴、股权、福利等具体形式，具体如表2-1所示。

表2-1 薪酬的表现形式

福利	工资	表现形式
工资	基本工资	常常以小时工资、月薪、年薪等计时工资的形式出现；分为基础工资、职位工资等
	激励工资	工资中随着员工工作努力程度和劳动成果的变化而变化的部分，激励工资有类似奖金的性质
	成就工资	当员工工作卓有成效，为企业作出突出贡献后，企业以提高员工基本工资的形式付给员工的报酬

福利	工资	表现形式
奖金	经常性奖金	按照预定的时期，对日常生产、工作中超额完成任务或创造优良成绩的员工给予的例行奖金，一般可以是月奖或季度奖，如超产奖、节约奖等
	经常性奖金	对作出特殊贡献的员工进行的不定期奖励，如劳动模范奖；攻克某种产品的质量问题或其他紧迫的重要任务等而设立的奖金
津贴或补贴	津贴	当工资难以全面、准确地反映劳动条件、劳动环境、劳动评价时，企业为对员工身心造成某种不利影响所作的补偿；或指为了保证员工工资水平不受物价影响而支付给员工的一种补偿
	补贴	指与员工生活相联系的补偿，如交通补贴、住户补贴、生育补贴等，津贴与补贴常以货币形式支付给员工
福利	经济性福利	对员工提供基本薪资及奖金以外若干经济安全的福利项目，以减轻员工的经济负担或增加额外收入
	工时性福利	与员工工作时间长短有关的福利，如休假或弹性工时
	设施性福利	与企业设施有关的福利，如员工餐厅、阅览室、交通车与托儿设备等
	娱乐及辅助性福利	增进员工的社交及文娱活动，促进员工身心健康的福利项目，如员工旅游、文艺活动
股权	业绩股票	在年初确定一个较为合理的业绩目标，如果激励对象到年末时达到预定的目标，则公司授予其一定数量的股票或提取一定的奖励基金购买公司股票
	股票期权	公司授予激励对象的一种权利，激励对象可以在规定的时期内以事先确定的价格购买一定数量的本公司流通股票，也可以放弃这种权利
	虚拟股票	公司授予激励对象一种虚拟的股票，激励对象可以据此享受一定数量的分红权和股价升值收益，但没有所有权和表决权，不能转让和出售，在离开企业时自动失效
	股票增值权	公司授予激励对象的一种权利，如果公司股价上升，激励对象可通过行权获得相应数量的股价升值收益，激励对象不用为行权付出现金，行权后获得现金或等值的公司股票

1.2 薪酬制的分类

1. 职务薪酬制

职务薪酬制是指首先对职务本身的价值作出客观的评价，确定不同职务对实现企业目标的贡献程度，再根据评价确定担任该职务人员相应薪酬的制度。职务是指同类项目或同类职位的归集。职务薪酬制需要假定担任某一职务的员工的能力和贡献与该职务相匹配。

在职务薪酬制下，员工的薪酬由其职务确定，客观性较强。职务薪酬制的优点和缺点如图2-1所示。

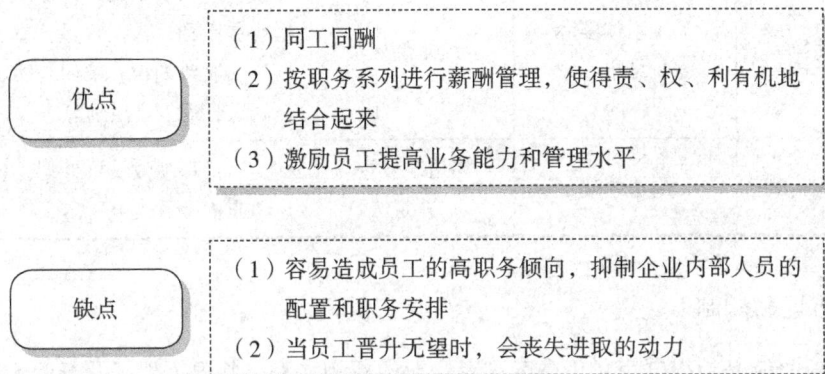

优点
（1）同工同酬
（2）按职务系列进行薪酬管理，使得责、权、利有机地结合起来
（3）激励员工提高业务能力和管理水平

缺点
（1）容易造成员工的高职务倾向，抑制企业内部人员的配置和职务安排
（2）当员工晋升无望时，会丧失进取的动力

图2-1 职务薪酬制的优点和缺点

2．职能薪酬制

职能薪酬制是指根据员工的工作完成能力来决定其薪酬的制度。其特点如下所示。

（1）突出工作能力对个人薪酬的重要作用。

（2）所需划分的职能等级数目较少，便于管理。

（3）需要配以较好的培训制度和考核制度。

（4）适应性强，弹性比较大。

职能薪酬制适用于组织结构比较扁平的企业。

3．绩效薪酬制

绩效薪酬制是一种将薪酬与特定绩效目标相联系的薪资模式，其实质是缩小薪酬结构中的固定成分，加大可变比例。对于员工来说，其好处是可以增加自己的现金净收入。

出于不同的需要，绩效薪酬的类别划分不尽统一。例如，按照绩效评估的方法，可以将绩效薪酬分为个人特征薪酬、成就薪酬、激励薪酬和特殊绩效薪酬等，它们的区别如表2-2所示。

表2-2 绩效薪酬的类别

绩效薪酬形式	对应的绩效形式	对应的评价方法	典型薪酬种类
个人特征薪酬	员工个人特征	特征法	·技能与知识薪酬 ·能力薪酬
成就薪酬	员工个人行为	绩效排序法、 行为比较法	·成就工资 ·成就奖金

绩效薪酬形式	对应的绩效形式	对应的评价方法	典型薪酬种类
激励薪酬	员工工作实际结果	结果绩效法	个人层激励、群体层激励、企业层激励，包括收益分享、利润分享、股票期权、部门与团队激励、高级管理人员激励等
特殊绩效薪酬	周边绩效	周边绩效行为评定法	特殊绩效认可计划（包括货币和非货币形式）

4．市场薪酬制

市场薪酬制是指根据市场价格来确定企业的薪酬水平，并根据地区及行业人才市场的薪酬调查结果来确定岗位的具体薪酬水平的一种制度。至于采取高于、等于或是低于市场的薪酬水平，要考虑企业的营利状况及人力资源策略。

市场薪酬制着眼于企业在劳动力市场上的吸引力和竞争力，强调的是按市场上各类人员的价格来确定企业内各职位相对价值的大小。

5．年薪制

年薪制是指以年为计时单位结算和计发报酬的一种工资形式，属计时工资范畴。对于难以在短期（小时、日、周或月）内准确考核其劳动实绩的工作人员，如企业的高级管理人员，可以通过实行年薪制，使工资收入同其劳动贡献紧密联系起来，以激励其工作积极性。年薪制的主要对象是企业的经营管理人员。

年薪由基薪和风险收入两部分构成。国外企业的高级管理人员的报酬一般由五部分构成，具体内容如表2-3所示。

表2-3　年薪制的构成

序号	构成部分	详细说明
1	工资	为固定收入，基本职能是保证高级管理人员个人及家庭的基本生活费用。工资并不是绝对不变的，企业可根据高级管理人员的工作年限、生活费用和工作表现等做适当调整
2	奖金	是对高级管理人员短期经营业绩（1～2年）的奖励，为非固定收入部分，一般占总收入的25%
3	长期奖励	时间为3～5年，占收入的35%左右，通常以股票期权的形式支付
4	福利	主要是为高级管理人员提供休假和各种保险待遇等
5	津贴	主要支付方式是提供良好的办公环境和生活条件等

1.3 薪酬设计的要求

薪酬设计的要求如图2-2所示。

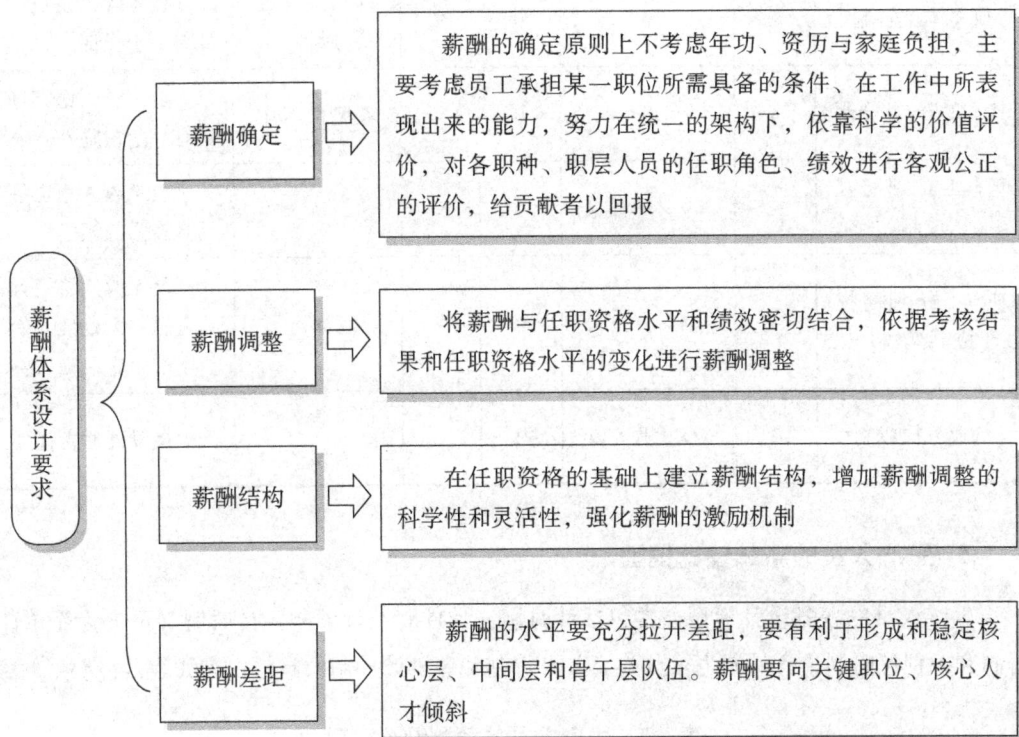

图2-2 薪酬设计依据的要求

1.4 薪酬设计模型

企业决定采用哪一种计薪模式，应明白该策略的意义和需要达成的目标是什么，同时还要考虑薪酬总额的控制。以下是几种常见的薪酬模型，企业在实施精益化管理时可以参考使用。

1. 销售人员薪酬设计模型

销售人员有别于一般管理人员和生产人员，因为他们的工作时间自由、开放度大，完全以市场为导向，很难以上班时间的长短来进行薪酬计算。销售人员的薪酬一般都是以销售业绩来衡量的，每日、每月、每季度的销售量清楚地显示着销售人员的工作业绩的好坏。

销售人员的薪酬设计模型比较简单，但基于这种模型不同企业可以有不同的选择。常见销售人员的薪酬设计模型包括以下五种：纯基本工资制、基本工资+奖金制、基本工资+业务提成制、基本工资+业务提成+奖金制和纯业务提成制，具体内容如表2-4所示。

表2-4　销售人员的薪酬设计模型

模式	底薪	业务提成	奖金	福利	缺点	优点
纯基本工资制	A	0	0	V	完全没有激励性	员工收入稳定，具有一定保证
基本工资+奖金制	A	0	B	V	激励性不强	员工收入稳定且具有一定激励性
基本工资+业务提成制	A	N%×业务量	0	V	/	员工收入稳定且具有较强的激励性
基本工资+业务提成+奖金制	A	N%×业务量	B	V	/	员工收入稳定且具有较强激励性，使员工产生企业归属感
纯业务提成制	0	N%×业务量	0	V	员工收入没有保证	激励性非常强

2．生产人员的薪酬设计模型

生产人员的薪酬设计模型通常包括计时制、计件制及计效制。计时制又可分为简单计时制和差别计时制，计件制也可分为简单计件制和差别计件制，具体内容如表2-5所示。

表2-5　生产人员的薪酬设计模型

序号	模式	计薪方式
1	简单计时制	月薪或工作天数×日薪
2	差别计时制	工作天数×日薪+加班小时数×时薪
3	简单计件制	生产数量×产品生产单价
4	差别计件制	标准产量×产品生产单价1+超额产量×产品生产单价2
5	计效制	完成标准产量部分的基本薪酬+超额奖金

3．管理人员的薪酬设计模型

大多数企业管理人员的薪酬设计模型都具有战略性和挑战性。通常，针对高级管理人员（决策者、职业经理人、高级经理等）实行高难度经营目标基础上的高额年薪制；针对一般管理人员则实行业绩评价基础上的月薪制。

与月薪制相比，年薪制更能体现高级管理人员的经营管理能力和价值，是目前人力资源商品化、管理人才凸显价值的一种发展趋势。

4．技术人员的薪酬设计模型

技术人员是指企业内部根据工作需要，选择那些有资质、有能力并安排他们到特定技术岗位去工作的人员（例如生产工程师、品质工程师、网络工程师等）。通常对技术人员的薪酬设计模型设计方法有两种：第一种是以职称高低为主要依据的"职称评定法"；第二种是以内部层级为主要依据的"评聘分离法"。

第2节 提高薪酬满意度

薪酬是许多员工最关心的事情，员工一旦在薪酬方面感到不满，其工作积极性往往就会下降，从而影响企业生产效率。因此，人力资源经理必须进行薪酬调查，提高员工的薪酬满意度。

2.1 分析薪酬不满的原因

薪酬满意度是指员工对获得企业的经济性报酬和非经济性报酬与他们的期望值相比较后形成的心理状态。

目前，很多中小企业面临着人才大量流失的严峻问题。提高企业员工薪酬满意度是吸引和留住人才的关键因素，是中小企业在激烈的市场竞争中实现可持续性发展的必然要求。一般来说，员工对薪酬不满的原因主要有以下几个方面。

1．薪酬内部公平性不够

薪酬内部公平性不够是降低员工薪酬满意度的主要原因。

员工对内部相对公平的关注远远大于外部公平，员工不仅关心自己工作所获得的薪酬，更关心与他人薪酬的比较，他们会将自己的投入和所获与他人进行比较，来判断薪酬是否公平合理，当员工感觉到对自己不公平时，他的满意度就会下降。

薪酬与满意度联系的关键不是员工的实际所得，而是对公平的感觉。员工在实际比较时，往往会高估、夸大自己的付出，低估他人的付出，影响员工作出理性的判断。

2．薪酬外部不具有竞争力

员工在企业内部比较的同时，还会将自己的薪酬水平与外部同行业、同地区、类似岗位的人员相比较，如果薪酬水平低于外部市场薪酬的平均水平，员工的不满情绪就会油然而生。

3．个人公平性体现得不够

即使是相同岗位的员工，其技能水平、工作能力、为企业创造的价值是不一样的，因此当员工认为自己的薪酬水平与业绩不相符时，也会产生对薪酬制度的不满。

当然，引起员工对薪酬不满还有其他的原因，例如员工认为工资应该与企业的效益同步上涨，当企业业绩良好而工资上涨幅度远远小于效益上涨幅度时，就会引起员工的普遍不满；还有薪酬的分配程序、方式，都会降低员工的薪酬满意度。

2.2 薪酬满意度调查

人力资源经理可以经常性地进行薪酬满意度调查，通过内部调查了解员工对薪酬福利水平、薪酬的结构、薪酬的决定因素、薪酬的调整以及发放方式的看法、意见，了解员工对企业薪酬管理的评价以及期望。

1．薪酬沟通的方式

在实施薪酬管理的过程中，及时的沟通是保证薪酬目标得以实现的因素之一。企业与员工之间在薪酬问题上若没有进行沟通，薪酬管理工作就不会健全完善。薪酬沟通一般由人力资源部负责，沟通时要采用多种形式结合的方式，具体内容如图2-3所示。

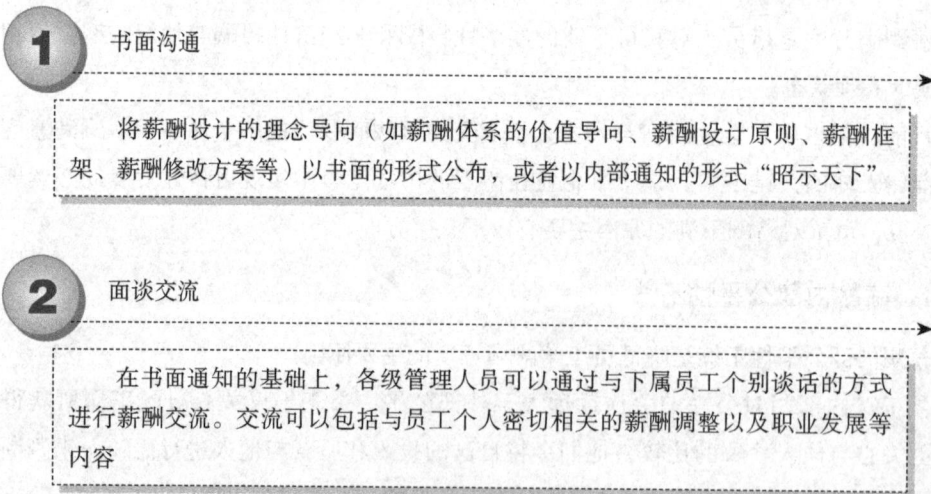

1 书面沟通

将薪酬设计的理念导向（如薪酬体系的价值导向、薪酬设计原则、薪酬框架、薪酬修改方案等）以书面的形式公布，或者以内部通知的形式"昭示天下"

2 面谈交流

在书面通知的基础上，各级管理人员可以通过与下属员工个别谈话的方式进行薪酬交流。交流可以包括与员工个人密切相关的薪酬调整以及职业发展等内容

图2-3 薪酬沟通方式

2．薪酬沟通的要点

（1）通过薪酬沟通明确企业的价值标准

薪酬标准的背后隐含着企业的价值标准和激励导向，因此，薪酬沟通可以围绕以下问题进行。

① 企业的薪酬战略是什么？领先、落后还是跟随战略？目标是什么？吸引、保留还是

激励？侧重于内部公平还是外部公平？

② 企业的付薪要素是什么？岗位、资历、能力还是业绩？

③ 薪酬标准是如何制定的？如何将付薪要素设计到薪酬体系中？

（2）薪酬沟通要从外部和发展的角度阐释

进行薪酬沟通时不能仅将沟通局限于薪资水平、涨降幅度，还要引导员工站在发展的角度，长期动态地看待薪酬体系。

① 站在企业发展的角度，牵引员工认识行业的大环境和发展方向，了解外部市场人才情况和薪酬管理状况，理性地看待薪酬变化。

② 站在个人发展的角度，引导员工看到个人的发展是如何与企业的发展结合起来的，需要强调的是，薪酬不是一成不变的，如果个人能力、个人绩效提升了，薪酬也有机会得到提升。

3．举行沟通会议

这种会议一般会在薪酬沟通流程的末期举行，目的在于就整个薪酬方案进行解释。在一次典型的薪酬沟通会议上，企业一般会就薪酬方案的各个方面进行解释，包括工作评价、市场数据调查和分析、薪酬等级的确定、奖金方案的制定、绩效评价体系以及薪酬管理方面的问题。

2.3　调整薪酬水平

随着企业经营业务的变化而产生的用人政策的变化，往往使现行的薪酬体系难于适应企业业务运营的需要，这时企业就必须对其现有的薪酬体系进行全方位的检测，以确定相应的调整措施。具体调整方法如图2-4所示。

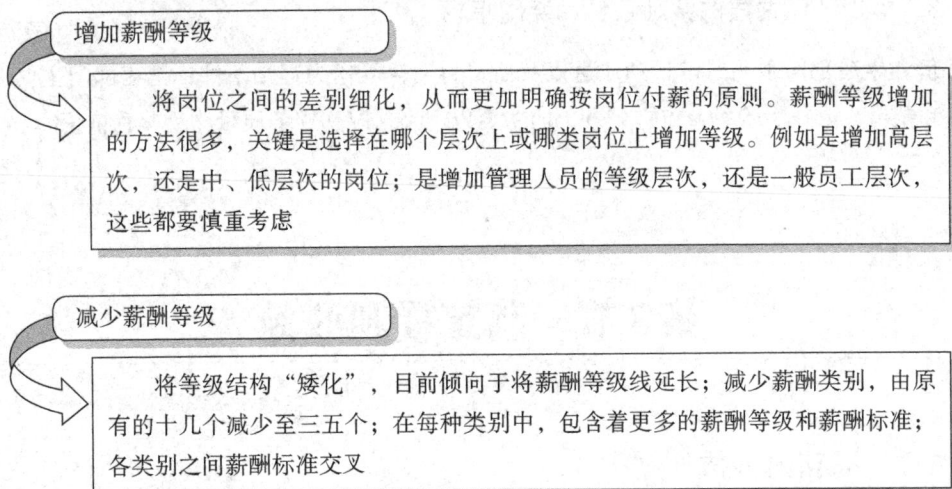

增加薪酬等级

将岗位之间的差别细化，从而更加明确按岗位付薪的原则。薪酬等级增加的方法很多，关键是选择在哪个层次上或哪类岗位上增加等级。例如是增加高层次，还是中、低层次的岗位；是增加管理人员的等级层次，还是一般员工层次，这些都要慎重考虑

减少薪酬等级

将等级结构"矮化"，目前倾向于将薪酬等级线延长；减少薪酬类别，由原有的十几个减少至三五个；在每种类别中，包含着更多的薪酬等级和薪酬标准；各类别之间薪酬标准交叉

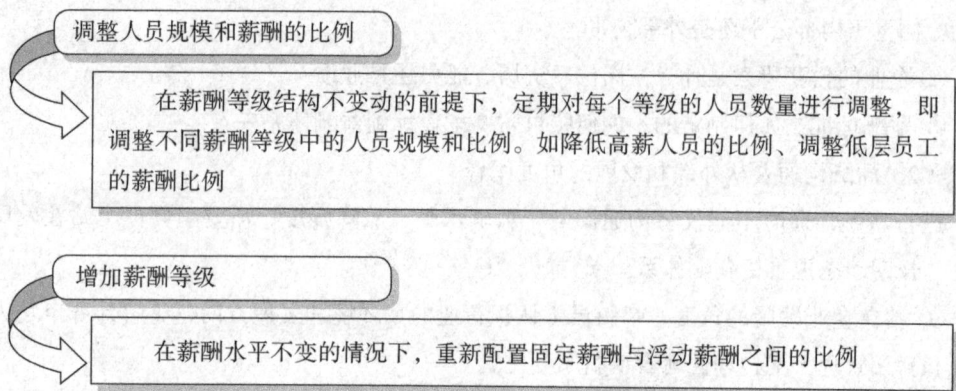

调整人员规模和薪酬的比例

在薪酬等级结构不变动的前提下，定期对每个等级的人员数量进行调整，即调整不同薪酬等级中的人员规模和比例。如降低高薪人员的比例、调整低层员工的薪酬比例

增加薪酬等级

在薪酬水平不变的情况下，重新配置固定薪酬与浮动薪酬之间的比例

图2-4　薪酬调整的方式

2.4　合理设置奖金

要合理设置奖金，企业首先要根据自身生产、工作的需要确定奖励的项目。例如某企业的产品质量是影响整个生产的关键，为此企业就可以设立质量奖。企业根据设置的奖励条件一般可以划分以下三类奖励项目。

1．刺激员工超额贡献的奖励项目

这些项目体现了"多超多获奖"的原则，例如通过测评产品数量、产品质量、销售、利润等指标决定奖励薪酬分配。

2．约束员工节约成本、减少消耗的奖励项目

这些项目体现了为企业增收节支就可获奖，例如根据原材料消耗、劳动纪律、操作规程、客户投诉等指标决定奖励薪酬分配。

3．体现部门性质的奖励条件和奖励指标

例如生产部门主要以产量和质量以及原材料消耗等作为奖励条件；销售部门主要以销售量和销售收入作为奖励重点；服务部门主要以上岗情况和服务质量作为奖励依据。

第3节　制定福利政策

3.1　福利的构成

制定福利政策的目的是为员工提供各种工作条件和生活保障，确保其能够安心工作。

许多企业把薪酬和福利分开来作为两个相对独立的部分，是因为它们的作用并不相同。通常而言，员工福利的构成如图2-5所示。

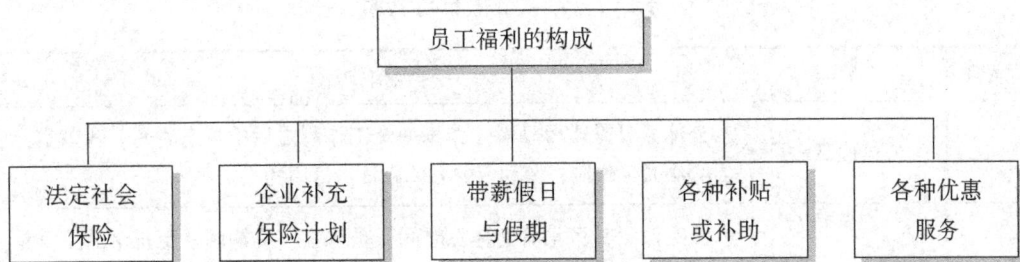

图2-5　员工福利的构成

1．法定社会保险

市场经济国家的企业，要面对很多法律规定必须提供的福利项目。我国目前法律规定的社会保险项目有：养老保险、失业保险、医疗保险、工伤保险以及生育保险，具体说明如表2-6所示。

表2-6　法定社会保险

序号	项目	详细说明
1	养老保险	养老保险是针对退出劳动领域失去劳动能力的老年人实行的社会保护和社会救助措施，是我国目前覆盖面最宽、社会化程度最高的社会保险形式
2	失业保险	失业保险是指为遭遇失业风险、收入暂时中断的失业者设置的一道安全网。它的覆盖范围通常包括社会经济活动中的所有劳动者
3	工伤保险	工伤保险是针对最容易发生工伤事故和职业病的工作人群的一种特殊社会保险
4	医疗保险	医疗保险是指由国家立法，通过强制性社会保险原则和方法筹集医疗资金，保证人们平等地获得适当的医疗服务的一种制度
5	生育保险	生育保险是指为女员工设置的专门保险项目，以解决妇女生育期间的生活保障，体现了对妇女和儿童的特殊保护

2．企业补充保险计划

企业补充保险包括补充养老保险、补充医疗保险等。补充养老保险是企业补充保险计划的核心组成部分，在国外称为企业年金。补充养老金的来源：有的是企业一方缴纳，有的是企业和员工双方缴纳，但企业是主要的出资人。

3．带薪节假日与假期

带薪节假日与假期的具体内容如表2-7所示。

表2-7　带薪节假日与假期

序号	内容	详细说明
1	公休假日	公休假日是指劳动者工作满一个工作周之后的休息时间。我国实行每周40小时工作制，劳动者的公休假日为每周两天
2	法定假日休假	法定假日是劳动者的休息时间，员工在节日期间享受正常的工资是各国立法规定的劳动者的权利。对于企业来说，向员工支付非工作报酬是一项员工福利。我国法定的劳动者休假节日为元旦、春节、国际劳动节、国庆节以及法律、法规规定的其他休假节日
3	带薪年休假	年休假指员工满一定工作年限，每年享有照发工资的连续休假时间。企业通常将一定的企业工龄作为享受休假待遇的基本条件，休假时间长短可根据企业工龄、员工年龄、员工的职级等因素确定。休假期间的薪金标准可以是平常的工资标准。我国《劳动法》规定，我国实行带薪年休假制度。劳动者连续工作1年以上，可享受带薪年休假待遇
4	带薪事假、带薪病假、带薪产假	带薪事假是指员工因某些事由请假不超过一定的期限，企业仍给付一定的薪金，并为其保留工作岗位。带薪病假实质上属于医疗保险待遇范畴。带薪产假实质上属于员工生育保险待遇范畴。但由于病假、产假期间工资仍由企业支付，因此被视为员工福利的内容

4．各种补贴或补助

各种补贴或补助的具体内容如表2-8所示。

表2-8　各种补贴或补助

序号	内容	详细说明
1	家庭补贴	家庭补贴常见的项目有：结婚补贴、安家补贴、育儿补贴、赡养老人补贴、子女教育补贴、生活费用补贴等
2	住房补贴	住房补贴是给予员工在居住方面的生活补贴。相当多的企业为员工提供住房补贴，或者提供购房内部优惠贷款，或者无偿或低租分配员工住房，或者建立住房公积金计划，帮助员工积累购房资金
3	交通补贴	交通补贴有多种形式。例如，直接出动交通车，在固定时间接送员工上下班；提供现金交通补贴；企业直接向公交企业付费，员工在固定线路上免费乘车等

（续表）

序号	内容	详细说明
4	工作餐补贴	工作餐补贴是普遍实行的员工工作福利项目，具体形式有提供现金补贴、免费或低费提供工作餐等
5	教育补贴	对于想提高文化水平和工作技能的员工来说，教育培训补贴是一项福利待遇，对企业而言，则是一笔重要的人力资本投资。有的企业为员工支付教育培训所需的全部费用，有的支付一定比例，有的则按统一标准支付

5. 各种优惠服务

各种优惠服务包括两个方面，具体内容如图2-6所示。

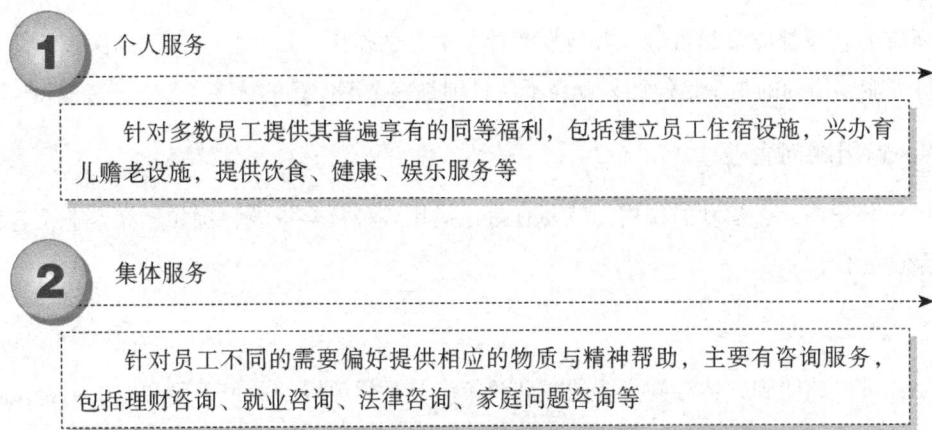

1 个人服务

针对多数员工提供其普遍享有的同等福利，包括建立员工住宿设施，兴办育儿赡老设施，提供饮食、健康、娱乐服务等

2 集体服务

针对员工不同的需要偏好提供相应的物质与精神帮助，主要有咨询服务，包括理财咨询、就业咨询、法律咨询、家庭问题咨询等

图2-6 各种优惠服务

近年来，许多企业开始推行一种灵活的福利计划，俗称"自助餐"式的福利计划。

该项计划的提出，主要是针对传统的企业福利计划，考虑一些员工的家庭有其他成员，例如配偶、孩子或者老人，为了满足员工家庭生活的需要，提供统一的生活服务和物质支持，如养老计划、保健计划、带薪休假、子女照料等。

但是随着国内家庭模式的多样化，一些单身或者单亲家庭增多，企业面临不同的员工需求。例如，单身员工没有照顾家庭和子女的需要；单身母亲更需要提供抚养孩子方面的支持，而不是带薪休假，无子女的员工认为养老计划对他们更重要。

"自助餐"式福利计划的提倡者认为该计划的实施能协调这些矛盾，满足员工多样化的需求，同时有助于克服传统福利计划中利益享受不均的弊端。

不同的企业，员工的福利需要可能是不相同的，企业在安排福利项目时可能有多种选择，不同的福利组合会产生不同的影响，企业应根据自身实际情况，在对员工福利需求调查分析的基础上，选择适当的福利项目组合。

3.2　福利政策制定策略

福利政策是企业福利管理中的纲领。福利政策有利于把企业的经营策略中关于管理的一些基本理念、业务工作的一些保障、经营管理上的一些要求落实到具体的福利工作中。福利政策主要有三个方面的内容，包括福利管理的目标、策略以及在福利管理工作中各自的职责和权限。以下是制定福利政策时要注意的几个策略。

1．预算的制定与控制

福利的预算很重要，福利预算的制定和控制是福利管理工作的一个重要的手段和措施。

2．充分发挥社会福利的作用

所有的企业都应该尽可能充分地发挥社会福利的作用。虽然社会提供的医疗保险、大病统筹等能够用到的很少，但如果放弃不用，则是一个不明智的选择。

3．运用顾问企业

要充分发挥社会福利的作用，就要有效地运用各种社会资源，例如顾问企业及各种各样的保险企业。

4．员工沟通

要让员工感受到、体会到企业的福利政策，其中很关键的一个手段和方法就是沟通。书面上的沟通或者政策上的宣传，是福利管理中经常需要采用的。

第4节　控制福利成本

4.1　福利成本预算管理

员工福利成本预算程序如图2-7所示。

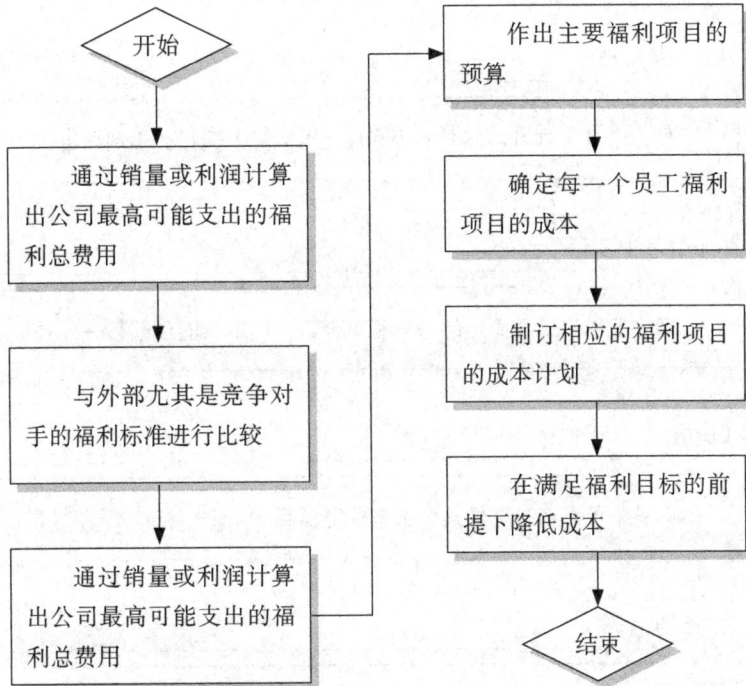

图2-7　员工福利成本的预算程序

4.2　员工福利费控制程序

1．员工福利成本分析方法

企业应根据自身能力和市场竞争环境的实际情况制定符合公司可持续发展的福利计划，深入分析员工福利成本。通常采用以下四种方法。

（1）所有员工的年度福利成本（对作预算和描述福利计划总成本有用）。

（2）每个员工的每年福利成本（每项福利计划的年总成本除以参与员工福利的人数）。

（3）收入百分比（年福利总成本除以年总工资收入，这个数据在比较组织间福利成本时是有效的）。

（4）每小时的花费金额（年福利总成本除以当年所有参与工作的员工的总工作小时数）。

以上四种方法各自有着各自的优缺点，企业根据自身所处的阶段和环境将几种方法结合起来使用效果会更佳。

2．实行弹性福利计划

与传统福利计划相比，弹性福利计划最大的区别在于其能够给予员工选择权和决定权，最大限度地满足员工个性化需要，大大提高了员工对福利的感知度与体验值。弹性福利计划通常也会简称为"弹性福利"，也可称为自助餐式福利、菜单式福利或自选福利等。弹性福利计划一般包括以下所示的四种类型，具体内容如图2-8所示。

1 核心外加计划

即每个员工都可以享受的福利加上可以随意选择的福利项目

2 标注组建计划

即企业推出多种固定的"福利组合"，员工只能挑选其一

3 工资/薪水下调计划

即员工可以选择降低其薪水来获得福利

4 薪酬转换计划

即员工可以通过放弃或降低其税前奖金的方式来获得福利

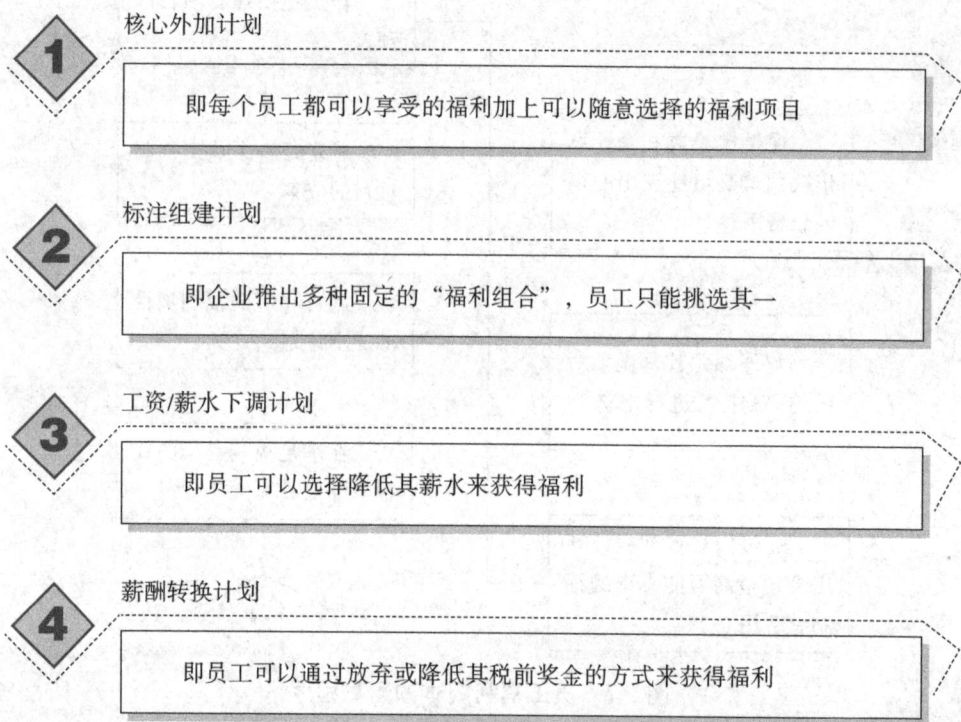

图2-8　弹性福利计划的类型

4.3　福利成本控制要点

不同的企业，员工的福利需求可能是不相同的，企业在安排福利项目时可能有多种选择，不同的福利组合会产生不同的影响。企业应根据自身实际情况，在对员工福利需求调查分析的基础上，选择适当的福利项目组合，以达到精益化管理的目的。控制福利成本一般从以下三个方面来考虑。

1．控制聘用人数

企业通过聘用人数进行福利控制。为了更好地管理企业的劳动力成本，许多企业会选择和不同的员工团体之间建立不同性质的关系：与核心员工之间的关系一般是长期取向的，而且彼此之间有很强的承诺；与非核心员工之间的关系则以短期取向居多，只局限于指定的时间段内。

2．控制工作时数

企业在控制工作时数方面必须遵守有关工时的法律法规。因此，对于企业而言，需要在调整员工人数和调整工作时数两种做法之间进行选择，选择的依据则是哪一种调整方式的成本有效性更高。

3．其他控制措施

为了控制福利成本，企业可以采取一系列措施，如对员工进行健康教育，降低疾病的发生；有些规模较大的企业开始实行以低费率购买医疗保险（企业补充保险），因为这可以将固定成本分散到较多员工身上，从而降低每个员工所承担的成本。

学习笔记

通过学习本章内容，想必您已经掌握了不少学习心得，请仔细填写下来，以便巩固学习成果。如果您在学习中遇到了一些难点，也请如实写下来，以备今后重复学习，彻底解决这些学习难点。

同时本章给出了大量图表范例，与具体的理论内容互为参照和补充，方便您边学边用，请读者如实填写您的运用计划，以使工作与学习相结合。

我的学习心得：

1. ＿＿＿＿＿＿＿＿＿＿＿＿＿＿＿＿＿＿
2. ＿＿＿＿＿＿＿＿＿＿＿＿＿＿＿＿＿＿
3. ＿＿＿＿＿＿＿＿＿＿＿＿＿＿＿＿＿＿

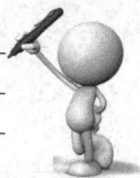

我的学习难点：

1. ＿＿＿＿＿＿＿＿＿＿＿＿＿＿＿＿＿＿
2. ＿＿＿＿＿＿＿＿＿＿＿＿＿＿＿＿＿＿
3. ＿＿＿＿＿＿＿＿＿＿＿＿＿＿＿＿＿＿

我的运用计划：

1. ＿＿＿＿＿＿＿＿＿＿＿＿＿＿＿＿＿＿
2. ＿＿＿＿＿＿＿＿＿＿＿＿＿＿＿＿＿＿
3. ＿＿＿＿＿＿＿＿＿＿＿＿＿＿＿＿＿＿

第 3 章

采购成本控制

针对影响采购成本的各因素，企业应采取恰当的精益化管理方法，在采购过程中把握主动，使采购物资的价格成本最低化。当企业物资库存下降到一定的数量时，就必须及时下单订购补充。下单订购、物料/商品陆续进货会造成库存增加，而生产/销售又会造成库存量减少，等到库存量接近零的时候，就必须再下单订购。这样反复的动作，使订购与库存量保持一定的关系。

第1节　确定采购数量

采购数量的确认是实施采购作业的首要步骤，也是采购计划的编制依据。制订采购需求计划时，应考虑年度营销经营计划、年度生产计划、用料清单、库存情况、公司资金供应情况等相关因素，对经营活动的急需物品，应优先予以考虑。

1.1　物料分类

企业应将所需采购的物料依其本身的重要性进行分类处理。物料通常可分四大类，具体内容如图3-1所示。

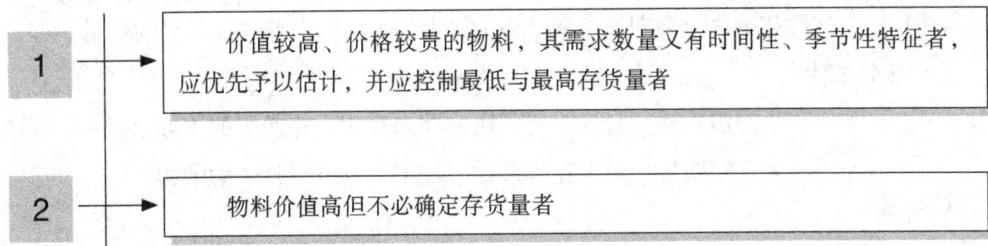

1	价值较高、价格较贵的物料，其需求数量又有时间性、季节性特征者，应优先予以估计，并应控制最低与最高存货量者
2	物料价值高但不必确定存货量者

| 3 | 预算采购数量已确定，但未决定需用时间者 |
| 4 | 仅在预算期间内列明采购总金额的其他项目者 |

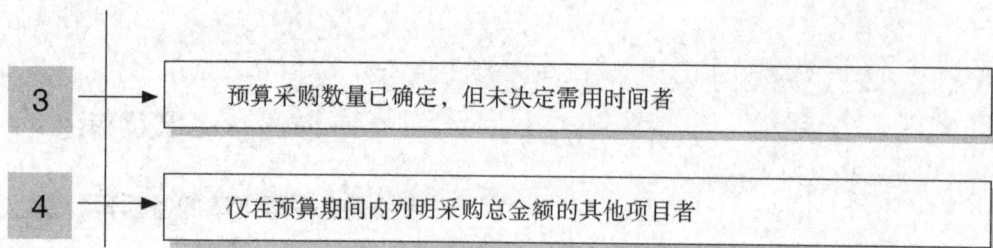

图3-1　物料分类

1.2　分析与采购相关的资料

1．生产计划

由销售预测加上人为的判断，即可拟订销售计划或目标。销售计划是表明各种产品在不同时间的预期销售数量；而生产计划则是依据销售数量加上预期的期末存货减去期初存货之值来拟订。

2．用料清单

生产计划只列示了产品的数量，若想直接知道某一产品需要用哪些物料以及数量多少，则需借助用料清单。

3．存量管制卡

若产品有存货，则生产数量不一定要等于销售数量。同样，若材料有库存，则材料采购数量也不一定要等于根据用料清单来计算的材料需用量。

因此，必须查阅物料的存量管制卡，以确切了解某一物料目前的库存状况，再依据用料需求数量，并考虑购料的作业时间和安全存量水准，从而计算出正确的采购数量。

1.3　确定各类物料采购数量

综上所述，生产计划、用料清单或材料需求计划以及存量管制卡是决定采购数量的主要依据。因此，可依照以下步骤来计算物料采购数量。

（1）先预估预算期内销售所需物料数量。

（2）根据预估销售所需物料数量加上最低与最高存货量，求出其需求量总数。

（3）以上述数值减去上期期末存量，即为计划期间内的最低与最高采购数量。

其计算公式为：

生产需要量 + 最高存货限额 – 期末存货 = 最高采购限额

生产需要量 + 最低存货限额 – 期末存货 = 最低采购限额

第2节　控制采购价格

采购工作涉及面广，并且主要是和外界打交道。因此，企业要制定严格的采购制度和程序，使采购工作有章可依，以防止采购人员暗箱操作。控制采购价格要从以下几个方面着手。

2.1　建立严格的采购制度

建立严格、完善的采购制度，不仅能规范企业的采购活动、提高效率、杜绝部门之间扯皮，还能预防采购人员的不良行为。

采购制度应规定物料采购的申请、授权人的批准权限、物料采购的流程、相关部门（特别是财务部门）的责任和关系、各种材料采购的规定和方式、报价和价格审批等。例如，可在采购制度中规定采购物品时要向供应商询价、列表比较、议价，然后选择供应商，并把所选的供应商及其报价填在"请购单"上；还可规定超过一定金额的采购须附上三个以上的书面报价等，以供财务部门或内部审计部门稽核。

1．建立供应商档案和准入制度

（1）为供应商建立档案

对企业的正式供应商要建立档案，供应商档案除有编号、详细的联系方式和地址外，还应有付款条款、交货条款、交货期限、品质评级、银行账号等，每一个供应商档案经严格的审核后才能归档。企业的采购必须在已归档的供应商中进行，供应商档案应定期或不定期地更新，并有专人管理。

（2）建立供应商准入制度

对于重点材料的供应商，必须经质检、物料、财务等部门联合考核后才能进入，如有可能要实地到供应商生产地考核。企业要制定严格的考核程序和指标，要对考核的问题进行逐一评分，只有达到或超过评分标准者才能成为归档供应商。

2．建立价格档案和价格评价体系

（1）建立价格档案

企业采购部门要对所有采购材料建立价格档案，对每一批采购物品的报价，应首先与归档的材料价格进行比较，分析价格差异的产生原因。如无特殊原因，原则上采购的价格不能超过档案中的价格水平，否则要作出详细的说明。

（2）价格评价体系

对于重点材料的价格，要建立价格评价体系，由公司有关部门组成价格评价组，定期收集有关的供应价格信息，以分析、评价现有的价格水平，并对归档的价格档案进行评价和更新。这种评议视情况可一季度或半年进行一次。

3. 建立材料的标准采购价格，根据工作业绩对采购人员进行奖惩

针对需重点监控的材料，财务部应根据市场的变化和产品标准成本定期定出标准采购价格，促使采购人员积极寻找货源，货比三家，不断地降低采购价格。

标准采购价格也可与价格评价体系结合起来进行，并提出奖惩措施，对完成降低公司采购成本任务的采购人员进行奖励，对于没有完成采购成本降低任务的采购人员，分析原因，确定惩罚措施。

2.2 降低材料采购成本的方法和手段

1. 通过付款条款的选择降低采购成本

如果企业资金充裕，或者银行利率较低，可采用现金交易或货到付款的方式，这样往往能带来较大的价格折扣。此外，对于进口材料、外汇币种的选择和汇率走势也需格外注意。例如，某公司从荷兰进口生产线，由于考虑了欧元的弱势走势，于是选择了欧元为付款币种（该公司外币存款为美元），从而降低了设备成本。

2. 把握价格变动的时机

材料价格会经常随着季节、市场供求情况的改变而变动，因此，采购人员应注意材料价格变动的规律，把握好采购时机。

例如，某公司的主要原材料聚碳酸酯（PC塑料），上年年初的价格为2.8美元／千克，而到了八九月份，价格上升到3.6美元／千克。如果采购部门能把握好时机和采购数量，会给企业带来很大的经济效益。

3. 以竞争招标的方式来牵制供应商

对于大宗物料的采购，企业应采用竞争招标的方式，通过供应商的相互比价，最终得到底线的价格。此外，对同一种材料，应多找几个供应商，通过对不同供应商的选择和比较使其互相牵制，从而使公司在谈判中处于有利的地位。

4. 向制造商直接采购或结成同盟联合订购

向制造商直接订购，可以减少中间环节，降低采购成本，同时提升制造商的技术服务、售后服务质量。另外，有条件的几个同类厂家可结成同盟联合订购，以避免单个厂家因订购数量小而得不到更多的优惠。

5．选择信誉佳的供应商并与其签订长期合同

与诚实、讲信誉的供应商合作不仅能保证供货的质量、及时的交货期，还可得到其付款及价格的关照，特别是与其签订长期的合同，往往能得到更多的优惠。

6．充分进行采购市场调查和信息收集

一个企业的采购管理要达到一定水平，就应充分注意对采购市场的调查和信息的收集、整理，只有这样，才能充分了解市场的状况和价格的走势，使自己处于有利地位。如有条件，企业可设专人从事这方面的工作，定期形成调研报告。

7．标准化利用

产品的标准化是降低采购成本的有效手段之一。简单地说，标准化就是尽可能减少专用的制程，将专用的材料用一般材料替代，并扩大标准件和通用部件的使用范围，增强其互换性、通用性。

标准化措施可以使生产作业共同化、项目减少，使批次采购量相对增加，因而可以节省采购手续费，降低物料采购的成本。为实现产品的标准化，务必要做到以下几点。

（1）设计人员要树立起标准化设计的理念，在产品、配件和物料的选用上，尽可能使用标准件、通用件。

（2）设计人员要有成本分析的观念。在选用某一特定供应商的产品时，要多与采购部门沟通，尽可能减少使用特殊产品。即便确实需要某些特殊产品时，也应采用价格合理的供应商提供的设计资料。

（3）标准化措施的实施需管理、生产、技术、财务、营销、采购、仓储等部门的通力合作。

（4）尽可能采购现成品及规格品。

（5）充分利用供应商资料。

2.3 实行战略成本管理

1．估算供应商的产品或服务成本

许多企业的采购管理只是过多强调公司内部的努力，但要真正做到对采购成本的全面控制，仅靠自己内部的努力是不够的，还应该对供应商的成本状况有所了解，只有这样才能在价格谈判中占主动地位。

企业可以参观供应商的设施，通过观察并适当提问获得更多有用的数据；甚至为了合作，明确要求供应商如实提供有关资料，以估算供应商的成本。在估算供应商成本并了解哪些材料占成本比重较大之后，企业可安排一些使自己在价格上有利的谈判，并尽可能加强沟通和联系，即与供应商一起寻求降低大宗材料成本的途径，从而降低自己企业的材料

成本。企业应与供应商建立长期的合作关系，始终争取双赢的局面。

2．对竞争对手进行分析

对竞争对手进行分析的目的是要明确己方与竞争对手相比的成本态势如何。例如自己的优势在哪里？对手的优势在哪里？优势和劣势的根源是什么？是源自于与竞争对手战略上的差异，还是源自于各自所处的不同环境，或是企业内部结构、技术、管理等一系列原因。然后从消除劣势，保持优势入手，制定在竞争中战胜对手的策略。通过对竞争对手的分析，企业可以找到努力的方向，从而在竞争中保持先机。

第3节 把握采购质量

凡采购的材料、零部件都会成为企业产品的一部分且直接影响产品的品质，当然，包括校正与特殊制程方面的服务品质也会影响产品品质。因此，采购管理人员首先应建立相关的质量控制制度、办法等，维持一套持续性质量改进方案。

3.1 明确采购质量目标

质量目标是采购部门遵守和依从的行动指南。质量目标确定后，则要层层下达，以保证其实施。表3-1是某公司在其ISO9001质量管理手册中确定的采购部的质量目标。

表3-1 采购部质量目标

序号	质量目标	计算方法	测量频次
1	原材料一次验收合格率≥96%	一次验收通过原材料数÷验收总数	次/月
2	原材料准时交付率≥98%	准时交付批次数÷总交付批次数	次/月
3	材料价格≤99%×材料市场同期价格	采购材料性价比优势是公司创造利润的重要组成部分	次/月
4	采购文件管理准确率=100%	现有采购文件数量÷应有的采购文件数量	次/月
5	物料库存数量100%符合物料安全库存标准	同期（物料实际库存数量÷核定的物料安全库存数量）=1	次/月
6	不合格材料退货及时率≥99.5%	采购部应全力做好对内、对外的服务工作，确保不合格材料存退料仓时间不超过两日（但有周期性规定的除外）	次/月

（续表）

序号	质量目标	计算方法	测量频次
7	合格供应商开发数≥8	不断开发符合公司要求的合格供应商，开拓富有竞争力的原材料供给渠道，从而确保公司的持续竞争力	次/月
8	供应商开发程序执行有效率=100%	程序执行有效是规避企业内外部风险的基本要求，企业应建立系统的采购渠道开发流程	次/月
9	供应商开发资料完整率=100%	现有供应商开发资料数量÷应有的供应商开发资料数量	次/月

3.2 明确规格、图样要求

物品的采购得以圆满完成，始于对要求项目的明确叙述。这个要求通常包含在给供应商的规格、图样及采购订单内。企业应拟订合适的规则，以确保对供应物品的要求予以明确叙述、沟通。

这个规则可包含拟订规格、图样及采购订单，下订单前买卖双方会谈等的书面程序，以及其他适合物品采购的方法。采购文件应将所订产品或服务的资料详细载明。采购文件资料包含的要项如图3-2所示。

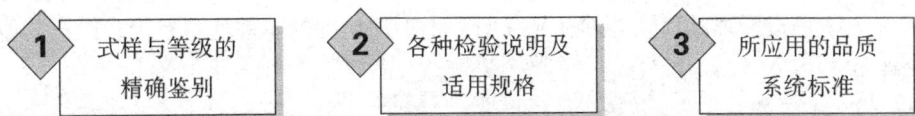

图3-2　采购文件资料要项

从技术层面看，规格可分为主要规格与次要规格两类。

1. 主要规格

主要规格指形式、吨位、性能、成分、用途、纯度、韧性、拉断力以及其他足以影响使用的规范。表3-2是各种物料、器材等的一般主要规格举例说明。

表3-2　物料、器材主要规格说明

序号	物资器材项目	一般主要规格概述
1	农林、渔牧、狩猎产品	成分、用途、季节、厚度、硬度、个体大小
2	煤、矿砂、石油、煤气、土石砂砾、粗盐	用途、成分、块粒大小

（续表）

序号	物资器材项目	一般主要规格概述
3	食品、饮料、烟类	等级、成分、用途
4	纺织、皮革、木材制品	股数、经纬纱数、原料、加工方式及程度，成品的单位重量、厚度、尺码大小、用途、色泽
5	非金属矿产品	比重、可燃性、闪光点、纯度、用途、加工方式及程度、厚度、尺码大小
6	化学品	成分、纯度、外表形状、重量、粉状粗细、等级、颜色、用途、生产方法、反应时间
7	基本金属	含碳量、合金的相对成分、开头长度、厚度、内径、镀锌、涂漆、用途、冷轧或热轧、加工方式及程度、单位重量、拉力、用途规范标准
8	一般金属制品	原料、用途、尺码大小、外形
9	机械设备	用途、产量、形式、操作方式、动力、吨位、耗电量、主要部分的构造
10	仪器	用途、精密度、形式、操作方式及限度、构造

2．次要规格

次要规格是指厂牌及形式等的补充说明，不参加比价的零件项目单价，以及其他相关方面的要求。

3.3 制定相关标准文件

为了对质量控制进行规范化，企业应尽量确定质量方针并制定标准文件，以便具体地操作实施。建立采购质量管理制度，能够使采购质量管理工作事事有人管、人人有专职、办事有依据、考核有标准，使所有技术专家及其他参与人员为保证和提高采购质量而认真工作。企业根据自己的情况所规定的质量管理制度的内容有所不同，但一般来说都会包括有以下几个方面的内容，具体如表3-3所示。

表3-3 质量管理制度的内容表

序号	制度	内容要求
1	进货检验控制制度	该制度应对进货的验收、隔离、标示、结果处理；进货检验或试验的方法及判断依据；所使用的工具量具、仪器仪表和设备的维护与使用；检验人员、试验人员、技术专家的技能要求等方面作出规定

（续表）

序号	制度	内容要求
2	供应商选择评估制度（程序）	该制度应就供应商选择、评估、体系的审核等确定权责人员、作业程序及结果处理办法等
3	采购质量记录管理制度	可按照ISO 9000质量管理体系的要求来对采购质量的记录进行控制。采购质量记录包括以下两个方面： （1）与接收产品有关部门的记录，如验收记录、进货检验与试验报告、不合格反馈单、到供应商处的验证报告、质量等级等 （2）与可追溯性有关的质量记录，如验收记录、发货记录、检验报告、使用记录（出、入库单）等

3.4 准备各种管理表格

采购管理与采购作业流程中，企业需借助采购表单来进行实际的申请及承办手续。一般来说，一项制度规定，必须落实到具体的表格来加以控制。在采购计划与预算、订单跟踪、供应商管理、采购品质控制、采购价格与成本控制、采购付款与结算、采购绩效管理、外协加工管理等各项工作的处理过程中，都必须有一系列的表格来辅助工作的完成。

采购表格的设计应依循下列两项原则。

1．一次自动套写

即表格尽量采用一次自动套写的方式，不必用复写纸。这样不但可以节省填写的时间，也可减少出现错误的可能性；另外，将套印的表格迅速传送相关部门，可以提高采购的作业效率。

2．一单多功能

即采用一单多功能的方式，提高采购效率。例如，请购单不但可以作为申请单位的需求凭证，同时也可以提供给采购部作为核准采购的凭证，给会计部作业审核付款的凭款，给仓储部作为验收数量的凭证等各种用途。

3.5 制定质量保证协议

质量保证协议对供应商明确地提出了质量要求，协议中规定的质量要求和检验、试验与抽样方法应得到双方认可和充分理解，从而通过与供应商的配合来保证采购产品的质量。质量保证协议的内容和要求具体如图3-3所示。

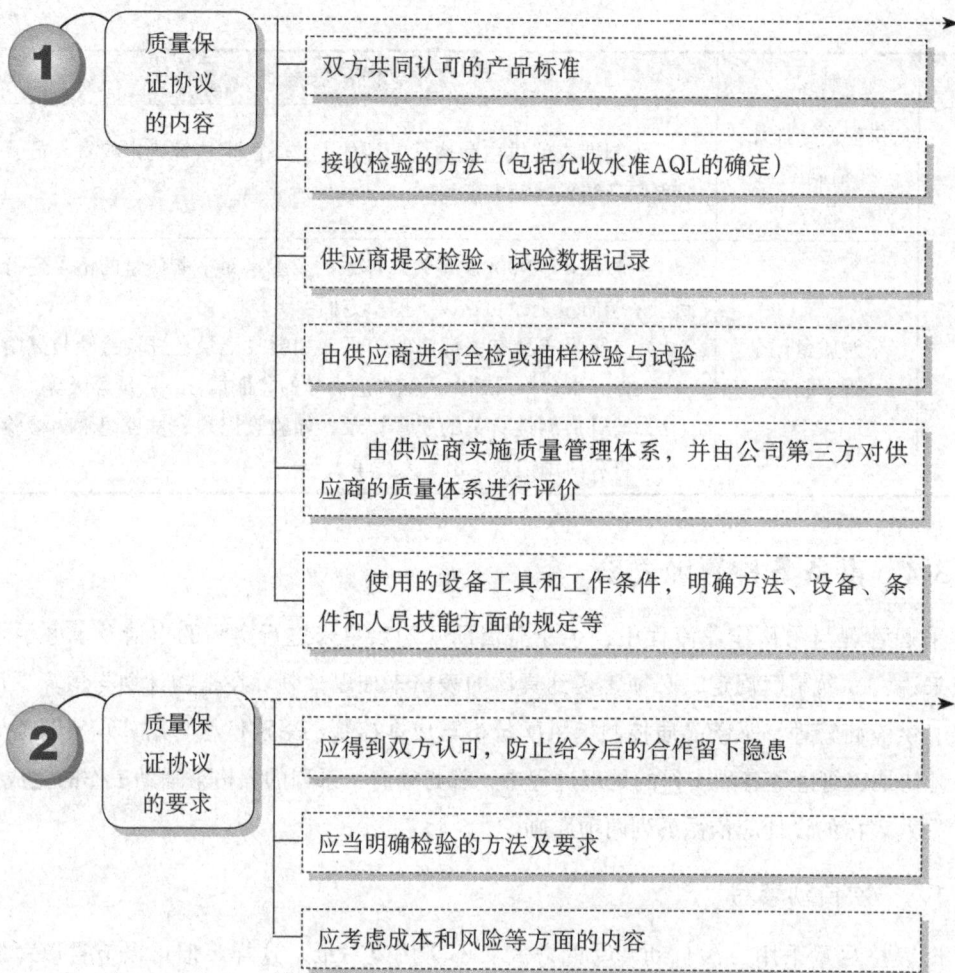

图3-3　质量保证协议的内容和要求

第4节　交货期的跟催

有些人总以为提早交货的不良影响不如延迟交货，实际上两者都会成为增加成本的原因。因此，交货期管理的重点是确保供应商既不延迟交货也不提早交货。企业在实施采购成本控制过程中，对供应商的交货期进行跟催时要注意以下事项。

4.1　下订单阶段跟催事务

在下订单阶段，采购员在跟催时的主要事务如下。

（1）发出订单后，必须将图纸或规范交给供应商，假如图纸或规范不交给供应商，则无法让其制订生产计划。另外，交给对方的东西，对方若有质疑，应迅速查明并给予答复。

假如遇到采购方只提交制品或零件的机能或设计构想，而图纸或规范则约定由供应商制定的情况，应跟催让对方能在双方约好的时间提交，并在提交后迅速交给技术部门确认。

（2）安排支给品（客户免费提供给供应商的材料，用于客户自己产品的加工或包装）的必须在预定的日期交付对方。至于有需要模具、治工具的，要确定由采购方制造还是由供应商制造，并确定接洽的日程，确认其性能或程度等是否符合最适经济成本。

（3）对于不易进货的材料，要与供应商协调好，如果采购方有货则要给予交付。同时，这一阶段也需要对供应商的生产负荷情况加以调查，看看其交货期是否过分集中，从而确认其能否如期交货。

4.2　跟催行动要点

采购员在下订单阶段应跟紧的事项如表3-4所示。

表3-4　下订单阶段跟紧事项

序号	对象	具体事项
1	图纸、规范	（1）确认有无发出：已发出时应决定如何分发，进而予以追踪决定；未发出时应确认如何发出、如何分发，并调整货期 （2）供应商有所质疑时，应详加调查 （3）确认有关图纸和规范 （4）有必要由供应商提供图纸、规范，予以承认时：对图纸、规范的提供情况加以追踪；所提供的图纸、规范不完备时，要求其修订并予以追踪；新设计时，应与技术部门协调，予以追踪
2	支给品	（1）掌握交付预定日 （2）调整交付预定日与货期 （3）调整交付预定日与供应商的生产能力 （4）调整生产批数与支给批数
3	模具、治工具	（1）自制或交由其他公司制造，与请购部门协商 （2）掌握进货预定日 （3）调整进货预定日与货期 （4）调整进货预定日与供应商的生产能力 （5）模具、治工具的性能、程度等的决定要符合最佳经济成本
4	不易进货的材料	要与供应商周旋，手边有材料时要支给，并指定替代、借用材料
5	掌握供应商的能力	（1）负责状况的调查（人力的） （2）负荷的总重虽然与能力一致，仍要确认每一批的货期是否有勉强之处 （3）设备、机械能量的调查（物料的）

生产阶段是指供应商已经处于着手生产的阶段，所以有必要追查其是否能顺利进行。此阶段最大的问题是：模具、治工具或设备、机器的故障及缺勤发生而使保有工数逐渐减少。假如订购商有余力，则可协助厂商进行生产，或将制作过程中成为瓶颈的部分取来自制。

又如，在发生火灾、风灾、水灾或倒闭的情况下，不得不改换其他公司来制造。除此之外，由于订购商的原因而要延迟货期或中止订货、取消订货，此种情况应妥善采取对策，避免与有关支付货款的法令规章有所抵触。生产阶段的跟催要点具体如表3-5所示。

表3-5　生产阶段跟紧事项

序号	对象	具体行动
1	模具、治工具或设备、机器的故障	与有关部门接洽并决定对策，进而调整货期
2	保有工数的递减	（1）由于伤病而发生缺勤，或由于和其他货品发生竞争，或与其他公司所订货的货品发生竞争时，要求时间外（加班）的开工速制；或与其他货品调配；或改换其他供应商；或改为自制 （2）调整货期
3	火灾、风灾、水灾	（1）视灾害的程度而决定，改由其他公司制造或者自我制造 （2）调整货期
4	倒闭	（1）改由其他公司制造 （2）自我制造 （3）收买模具、治工具，进一步追查厂商倒闭的情况，以及债权、债务的处理情况
5	罢工	（1）调整货期后尚难解决时，改由其他公司制造或自我制造 （2）除此之外，还要做好折冲损害赔偿工作
6	由于订货者的原因而延迟货期	在不抵触有关的法令、规章下，调整货期，并在在制品的品质上采取保全对策
7	取消、中断	（1）对支给品的收回与收回不足部分，办理清理手续并予以追查 （2）处理在制品 （3）如果是采购方的原因，对契约变更的损害赔偿要予以折冲 （4）如果是采购方的原因，对损害的赔偿要予以折冲

交货后的跟催是所订的货品已经交货之后要做的工作，采购员的任务要到交货后的货品经检查合格并运到现场后才算结束。如果合同中规定了延迟交付的违约赔偿金，供应商的交付绩效也会受到影响。在大宗货物的交易中，大部分采用租船运输，为了使租船合同与采购合同相互衔接，在采购合同中也会规定滞期费和速遣费。在这一个阶段，或许会有

货物数量过多或不足的情况出现，当然也难免会有不合格品的纳入，对于这些情况都要给予适当的处理。交货后阶段具体的跟催要点如表3-6所示。

表3-6 交货后阶段跟紧事项

序号	对象	具体说明
1	数量的过剩、不足与损失	（1）未收数量的追查：催促交货，确认货期；货期已过，已经不需要该货品时，办理取消手续 （2）过剩数量的处置：有其他订单，亦有未收数量时，办理调换手续或退还 （3）不足与损失的处置：调查原因，追踪现品；重新安排货品的取得 （4）过剩数量的处置：调查原因，追踪现品；重新安排货品的取得
2	搬运	确认已收货品是否迅速通过检查，并搬运给所需部门
3	检查	确认已收货品是否能够在预定的检查期间内完成检查，并督促对紧急货品进行检查
4	不合格品的处置与对策	（1）确认不良的内容 （2）调查原因 （3）与供应商讨论并确定产品合格的标准 （4）适合于使用目的的视为良品 （5）调整货期 （6）决定重新安排或采取对策 （7）特别采用的折冲（只要稍加加工就能使用的场合，如涂装之前，使用砂纸一抹就除去伤痕） （8）改由其他公司制造 （9）自我制造
5	合格品的搬运督促	到现场检查搬运进度
6	交货数与支给	未支给品与过剩支给品的追查

学 习 笔 记

通过学习本章内容，想必您已经掌握了不少学习心得，请仔细填写下来，以便巩固学习成果。如果您在学习中遇到了一些难点，也请如实写下来，以备今后重复学习，彻底解决这些学习难点。

同时本章给出了大量图表范例，与具体的理论内容互为参照和补充，方便您边学边用，请读者如实填写您的运用计划，以使工作与学习相结合。

我的学习心得：

1. _____
2. _____
3. _____

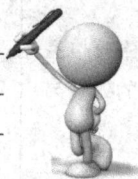

我的学习难点：

1. _____
2. _____
3. _____

我的运用计划：

1. _____
2. _____
3. _____

第 4 章

物流成本控制

物流成本是指产品在实物运动过程中,如运输、包装、装卸、储存、配送等各个环节所支出的人力、财力、物力的总和。要控制物流成本,就需要物流部门和其他部门之间协同作业。在企业对物流成本进行控制时,首先需要仓库配合采购部门和生产部门做好物资的出入库管理工作,这样才能实现物流成本的精益化管理。

第1节 运输管理

运输成本控制是指根据物流计划和控制过程中发生的各种耗费进行计算、调节和监督的过程。企业科学地组织实施运输成本控制,可以促进企业改善管理水平,提高服务水平,使企业在市场竞争中生存、发展和壮大。

1.1 运输成本的组成

运输成本的组成如表4-1所示。

表4-1 运输成本的组成

序号	类别	具体说明
1	运输工具成本	运输工具成本是指运输商购买或者租赁运输工具所发生的成本。这项成本不论运输工具使用与否都会产生,运输商在短期运营决策中把它当作固定成本,但当制订长期战略或中期计划时,这些成本是可变的。购买或者租赁运输工具的数量,是运输商要作出的一个选择。与运输工具相关的成本是与购买和租赁运输工具的数量成比例的

序号	类别	具体说明
2	固定运营成本	固定运营成本包括任何与运输枢纽建设成本、机场建设成本及与运输是否发生无关的劳动力成本。例如，货运终点站和机场的建设，这些成本与进入终点站的货车数量或使用机场的飞机数量无关。如果司机的工资与其出车安排无关，则其工资也应当计入该项成本。对于运营决策来说，这项成本是固定的，对涉及设施选址、设施规模的规划和战略决策而言，这项成本是可变的。此外，固定运营成本通常与运营设施的规模成正比
3	运输距离成本	一旦运输工具投入运行，运输距离成本就发生了，它包括劳动力报酬和燃料费用。顾名思义，与运距相关的成本与运输路途长短、运输持续时间是相关的，但它与运输产品的数量无关。在进行战略或规划决策时，此项成本被视为变动的，在作出影响运距和运输持续时间的经营决策时，此成本也是可变的
4	运量成本	运量成本包括货物装卸费用以及与运量有关的燃料费用。在运输决策过程中，这些费用通常是变动的，除非装卸货物的劳动力成本是固定的
5	运营成本	运营成本包括设计、安排运输网络的费用以及任何有关的信息技术投资。当运输商公司投资一种有助于管理者进行运输线路决策的线路规划软件时，对软件的投资以及软件维护、操作的费用就属于运营成本。航运公司则要将飞机和机组人员的工作日程安排成本及线路规划费用计入运营成本

1.2 运输成本的控制策略

运输成本在物流总成本中的比重较大，是企业进行物流成本控制的重要环节。运输成本控制的关键主要是运输方式、运输价格、运输时间、运输的准确性、运输的安全性以及运输批量等方面。运输成本的控制策略如下所示。

1. 选择合适的运输工具

（1）公路运输

公路运输成本通常受各种因素的影响。这些因素在运费的费率中都有体现，分别是运输距离载货量、货物的疏密度（轻抛货和重货）、装载能力、装卸搬运、承担责任程度、运输供需因素、服务要求等。公路运输的固定成本是所有运输方式中最低的。公路运输的成本结构包括较高的可变成本和较低的固定成本。其中，大约70%～90%的成本是可变的，10%～30%的成本是固定的。卡车运输的可变成本很高，因为公路建设和公路维护成本都以燃油税、养路费、公路收费、吨·公里税的方式征收。

（2）铁路运输

铁路运输成本一般按年或按季进行核算。铁路运输成本范围包括办理货物运输的费用、运输准备和列车运行的费用、固定资产折旧及其他设备的保养、维修费用等。

（3）水路运输

水路运输成本的计算单位是元/吨·海里，通常包括企业运输成本分析、船舶运输成本分析和专题的成本分析。船舶运输成本一般借助单船的成本水平和营运指标进行分析，可以按照一年、一个季度、一个月或一个航次分析，找出影响单船成本变动的具体原因，进而制定成本控制对策。

（4）航空运输

航空运输以机型为基础进行运输成本的归集和分配。航空运输的飞机的机型规格和技术经济性能差别很大，因此航空运输成本的差距也很大。航空运输成本的构成项目一般可分为飞行费用和飞机维修费用两大类。

（5）运输工具的特征

常用运输工具的运营特征如表4-2所示，企业可以根据货物的数量、重量、距离远近等情况来选择合适的运输工具。

表4-2　运输工具的特征

营运特征	公路运输	铁路运输	水路运输	航空运输
速度	4	3	2	5
经济性	3	2	5	1
安全	4	3	2	1
准确	5	4	2	3

（6）运输车数需要量计算公式

确定铁路运输车数的需要量＝运输量（吨）÷列车车辆的标重（吨）

确定公路车数的需要量＝货物周转量（吨公里）÷每辆汽车产量（吨公里）

确定船舶需要量＝货物周转量（吨海里）÷船舶每吨位年产量（马力）

2．开展集运方式

开展集运方式主要与规模经济有关，从运作的角度来看，有以下三种方法可以实现货物的集运。

（1）自发集运，也就是将一个市场区域范围内不同客户的小批量运输要求结合起来。

（2）计划预定运输，也就是在每周规定的日期将有限的货物运到特定的市场。

（3）共同运输，通常以有大批量货物运输的企业为中心，招揽多个相同市场中的货主安排集运，因为是相同的市场，可以满足客户个性化需求，提供附加价值的服务。

3．推行直运战略

直接运输比由当地的仓库送货要慢，而且运输量往往很小，会带来运输成本的增加。但某些情况下，直接运输有它的优势。在有转运的情况下，货物中途需要多次装卸，装卸费用会随转运的次数增加而增加，进而导致运输成本的增加。直运可以减少中间环节和中间环节所需时间，进而提高运输效率，降低运输成本。直运战略的采取，通常要考虑货物的特性、运输的里程和成本、订货的数量和地理位置。

4．合理选择运输路线

合理选择运输路线可以减少不合理运输（如重复运输、迂回运输）造成的运力浪费，避免增加不必要的运输成本。企业可以参考如图4-1所示的几种方法选择合理的运输路线。

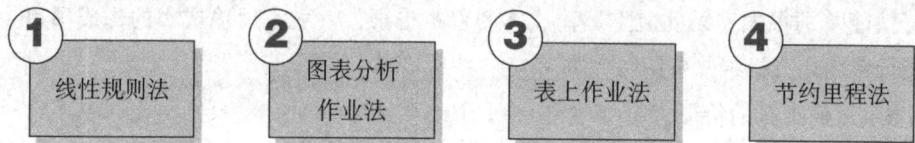

图4-1　选择运输路线的方法

5．物流外包

物流业务外包是控制物流成本的重要手段。企业将物流外包给专业化的第三方物流公司，通过资源的整合、利用，不仅可以降低企业的投资成本和物流成本，而且可以充分利用这些专业人员与技术的优势，提高物流服务水平。

要点提示

　　单位运输距离的运输成本与运距成反比例关系。随着运输距离的延长，被分摊到每单位距离的运输成本会相应降低，也就是说，短距离运输比长距离运输所需成本要高，这就是运输的距离经济效益。

第2节　入库准备

2.1　物资入库准备流程

物资入库时，业务水平的高低直接影响到整个仓储作业的效率与效益。因此，提高入库业务的管理水平十分重要。物资入库准备流程如图4-2所示。

```
┌─────────────────────┐      ┌─────────────────────┐      ┌─────────────────────┐
│ 1  加强日常联系      │ ⇨   │ 2  妥善安排仓库      │ ⇨   │ 3     组织人力       │
└─────────────────────┘      └─────────────────────┘      └─────────────────────┘
                                                                      ⇩
┌─────────────────────┐      ┌──────────────────────────────────────────────┐
│ 5 准备苫垫和劳保用品 │ ⇦   │ 4   准备验收和装卸、搬运的机具                │
└─────────────────────┘      └──────────────────────────────────────────────┘
```

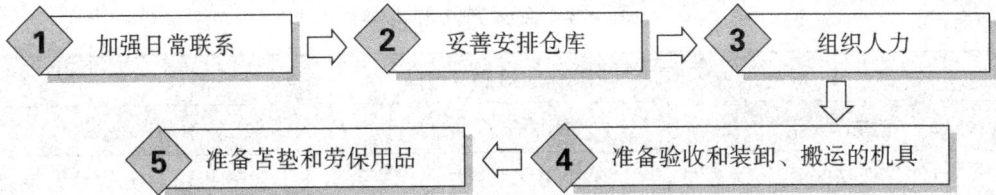

图4-2　物资入库准备流程

1．加强日常联系

仓库根据储存情况，经常与存货单位、仓库主管部门、生产厂家或运输部门联系，了解库存商品、物料情况，掌握入库商品/物料的品种、类别、数量和到库时间，据以精确安排入库的准备事项。一般来说，商品、物料入库，主管部门要提前（至少1天）通知仓库，以便仓库做好接货的各项准备工作。仓库对主管部门安排储存的商品、物料不得挑剔。

2．妥善安排仓库

仓管人员在接到进货单并确认无误后，应根据库存商品、物料的性能、数量和类别，结合分区分类保管的要求，核算所需的货位面积（仓容），确定存放位置以及必要的验收场地。对于新商品、物料或不熟悉的商品、物料入库，仓管人员要事先向存货单位详细了解商品、物料的性质、特点、保管方法和有关注意事项，以便商品、物料入库后做好保管养护工作。

3．组织人力

仓库主管应根据商品、物料进出库的数量和时间，做好收货人员和搬运、堆码人员等劳动力的安排工作。采用机械操作的要定人、定机，事先安排好作业顺序。

4．准备验收和装卸、搬运的机具

为保证入库作业的顺利进行，根据入库商品、物料的验收内容和方法，以及商品、物料的包装体积、重量，准备各种点验商品、物料数量、质量、包装、装卸、堆码所需的点数、称量、测试机具等所有用具。所有用具都要做到事先检查，保证准确有效。

5．准备苫垫和劳保用品

根据入库商品、物料的性能、数量和储存场所的条件，核算所需苫垫用品的数量，据以备足必需的数量。尤其对于底层仓间和露天场地存放的商品、物料，更应注意苫垫物品的选择和准备。同时，根据需要准备好劳动保护用品。

2.2　选择合适的搬运方法

搬运方法是为实现搬运目标而采取的搬运作业手法，它将直接影响到搬运作业的质量、效果、安全和效率。通常而言，搬运方法有以下几种，具体如表4-3所示。

表4-3　搬运方法的种类

按作业对象可选择		
单件作业法	集装单元作业法	散装作业法
单件作业法是逐个、逐件地进行搬运和装卸。主要是针对庞大、笨重的物品	集装单元作业法是像集装箱一样实施搬运	散装作业法是对无包装的散料，如水泥、沙石、钢筋等直接进行装卸和搬运
按作业手段可选择		
人工作业法	机械作业法	自动作业法
人工作业法主要是靠人力进行作业，但也包括使用简单的器具和工具，如扁担、绳索等	机械作业法是借助机械设备来完成物品的搬运。机械设备不仅指简单的器具，还应包括性能比较优越的器具，如装卸机等	自动作业法一般是在电脑的控制下来完成一系列的物品搬运，如自动上料机、机电一体化传输系统等
按作业原理可选择		
滑动法	牵引力法	气压输送法
滑动法是利用物品的自重力而产生的下滑移动，作业工具包括滑桥、滑槽、滑管等	牵引力法是利用外部牵引力的驱动作用使物品产生移动，作业工具包括拖拉车、吊车等	气压输送法是利用正负空气压强产生的作用力吸送或压送粉状物品，作业工具包括负压传输管道等
按作业连续性可选择		
间歇作业法	——	连续作业法
间歇作业法是使搬运作业按一定的节奏停顿、循环，作业工具包括如起重机、叉车等	——	连续作业法是使搬运作业连续不间断地进行，作业工具包括传送带、卷扬机等

第3节　入库接收

　　做好入库准备工作后，仓库管理员即可以开始入库接收物资的工作。入库接收的重点是要做好对货物的点收和检验工作，即对货物数量、质量等进行检验。

3.1　入库接收流程

　　入库接收流程如图4-3所示。

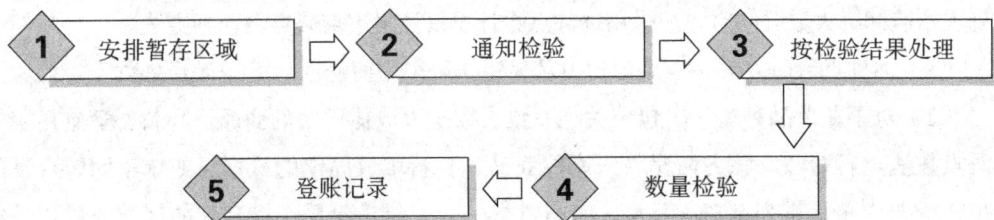

图4-3　物资入库接收流程

1．安排暂存区域

供应商将物资送到后，仓管员要及时安排暂放区域，供应商可以暂放物资。

2．通知检验

物资送到后，仓管员要及时通知质量检验人员前来检验，通知可以采取开来料报告单和直接转交送货单两种方式。

3．按检验结果处理

质量检验人员对物资进行检验后，应根据不同的检验结果对物资进行以下处理。

（1）如检验结果为合格时，将被检物资入账，并放置在规定的区域，同时将相关数据登记入账。

（2）如检验结果为不合格时，应在采购部的主持下，由研发、品质、生产等部门共同研讨、决定处理方案，如挑选、特采等。

（3）将特采的物资挂上适当标志后按合格品处理。但是，在发料时要识别是否是特采物资，并按规定用途发料，以确保有效追溯。

4．数量检验

质量检验人员往往是通过抽检的方式进行检验工作，即抽取几个样本进行检验。全部的数目检验还需要仓库进行。仓库清点完物资具体数量后，要及时登记入账，如果发现问题，要及时处理。

5．登账记录

对于允收物资，仓管员验收后要及时在电脑系统中登账，做好记录。

3.2　入库点收方法

1．大数验收

大数验收是商品、物料入库的一道重要工序。由仓库收货人员与运输人员或运输部门进行商品、物料交接。商品、物料从车站、码头、生产厂家或其他仓库运到仓库时，收货人员要到现场监卸。大数验收时一般采用逐件点数计总以及集中堆码点数两种方法。

（1）逐件点数时，靠人工点记费力且易错，可采用简易的计算器计算总数。

（2）对于花色品种单一、包装大小一致、数量大或体积大的商品、物料，适宜用集中堆码点数法进行验收。该方法是将入库的商品、物料堆成固定的垛形（或置于固定容量的货柜、货架内），排列整齐，每层、每行件数一致，货位每层（横列）的件数与堆高（纵列）的件数相乘，即得总数。

2．重量计算的物资需要过磅或按理论换算

过磅是仓库中常用的方法，按理论换算适用于规格、长度一致的部分大五金类商品、物料。商品、物料的重量，一般有毛重、皮重、净重之分。实际上，商品、物料大都有包装，这就涉及如何方便、准确扣除皮重的问题。在仓库中一般采用的物资重量计算方法有以下两种，具体内容如图4-4所示。

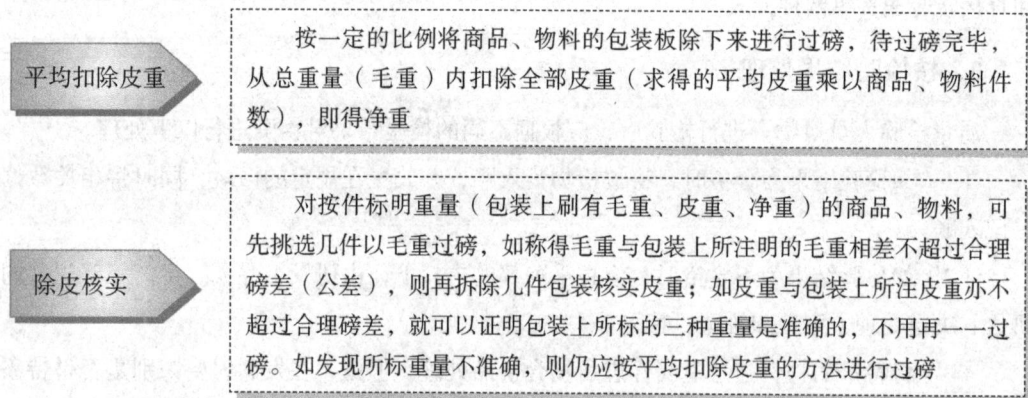

平均扣除皮重	按一定的比例将商品、物料的包装板除下来进行过磅，待过磅完毕，从总重量（毛重）内扣除全部皮重（求得的平均皮重乘以商品、物料件数），即得净重
除皮核实	对按件标明重量（包装上刷有毛重、皮重、净重）的商品、物料，可先挑选几件以毛重过磅，如称得毛重与包装上所注明的毛重相差不超过合理磅差（公差），则再拆除几件包装核实皮重；如皮重与包装上所注皮重亦不超过合理磅差，就可以证明包装上所标的三种重量是准确的，不用再一一过磅。如发现所标重量不准确，则仍应按平均扣除皮重的方法进行过磅

图4-4　物资重量计算法

要点提示

码成的货垛，其顶层的件数往往是零头，与以下各层件数不一样，如简单划一统计，就会产生差错。

3.3　质量检验

质量检验是物品入库前一个重要的关卡，其重要性是每一个企业管理者都应了解的。质量检验不仅影响到企业最终产品的品质，还影响到各种直接或间接成本，甚至可以反映管理层面的严谨性、效率与水准。如把不合格品放到制程中，则会导致制程或最终产品的不合格，给企业造成更大的损失；如把合格品拒收，则使供应商蒙受损失，同时也影响到本企业的生产进度，间接影响到本企业的生产成本。质量验收的方法主要有仪器检验和感官检验两种。

1．仪器检验

仪器检验是指利用各种试剂、仪器和机器设备，对商品、物料的规格、成分、技术标准等进行物理、化学和生物的性能分析。

为弥补感官检验的不足，并提高验收效率，仓储人员应根据商品、物料的性能和特点，研究采用不同的验收方法。

2．感官检验

感官检验是指依靠人的感觉器官来对产品的质量进行评价和判断。通常是依靠人的视觉、听觉、触觉和嗅觉等感觉器官进行检查，并判断产品质量是否合格，具体说明如表4-4所示。

表4-4　感官检验

序号	类别	具体说明
1	视觉检验	主要是观察商品、物料的外观质量，看外表有无异状，如针织品的变色、油污，竹制品、木制品、毛织品的生虫，金属制品的氧化、生锈，药品水剂的浑浊、沉淀、渗漏、破损等。操作中，还可根据商品、物料的不同特点而采用不同的方法，以提高工作效率
2	听觉检验	通过轻敲某些商品、物料，细听发声，鉴别其质理有无缺陷。如未开箱的热水瓶，可转动箱体，听其内部有无玻璃碎片撞击之声，从而辨别有无破损
3	触觉检验	一般直接用手探测包装内的商品、物料有无受潮、变质等异状。例如，针、棉织品是否受潮，有无发脆；胶质品、胶囊剂类有无溶化、发黏
4	嗅觉、味觉检验	工作人员用鼻或舌鉴别商品、物料有无发生变质或串味等现象。例如，检验香水等有无挥发失香，茶叶、香烟有无异味等

第4节　搬运卸货

4.1　有效搬运

有效搬运的内容一般包括以下几点。

（1）搬运结果最好是一次到位，做好、做彻底，避免再次搬运。

（2）摆放方式要适合，例如物品的摆放位置、方向等，不要返工。

（3）放置环境要适合，例如放置区域、周围的环境，要尽可能减少暂时存放的现象。

（4）杜绝或减少搬运损失，包括丢失、打破、变形、泄漏、挥发、挤压等因素导致的各种损耗。

（5）节减搬运成本，选择合理的搬运方式，包括机械化、自动化、人工等多种搬运方式，但前提是使用最低的综合投入来实现最大的搬运量。

（6）消除危险因素，在搬运过程中安全使用搬运器具，不要顾此失彼，不要制造危及人身安全的隐患。

4.2 入库卸货流程

入库卸货主要是指仓库管理员组织相关人员对检验合格后的货物进行卸货、搬运和堆垛。其具体流程如图4-5所示。

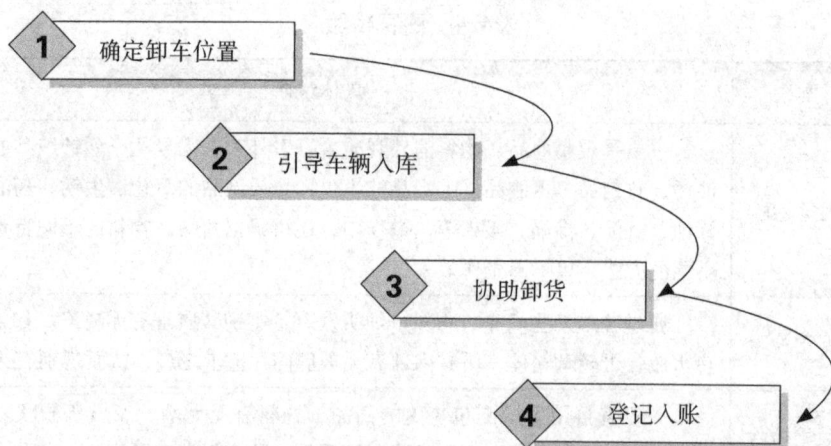

图4-5 物资入库卸货流程

1. 确定卸车位置

企业对供应商送来的物料往往只是进行抽样检验，大多数货品往往还在车上。如果被质量检验人员判定为允收，则需要正式安排将所有送到的物料卸下车，并存入仓库。这首先就要确定卸车位置。选择位置时要认真考虑到供应商卸货的方便。

2. 引导车辆入库

仓管员要及时打开仓门，引导供应商车辆进入仓库，停在卸车位置上。

3. 协助卸货

卸货工作一般由供应商的送货人员负责，仓管人员要从旁协助。

4．登记入账

仓管员要对物资进行入库登记，立卡并存档。

4.3 物资堆放要点

有些人认为，导致物料产生质量问题的环节是物料的搬运过程，其实不然。如果没有掌握正确的物料储存方法，有可能因为累积过多而造成物料积压，从而造成最低层的物料出现质量问题。因此，在仓储作业中，仓管员必须学会正确地堆放物料。物料堆放时要注意以下问题。

1．三层以上要骑缝堆放

骑缝堆放是指相邻层面间箱体要互压，要求箱体相互联系、合为一体，这样可防止物料偏斜、摔倒。骑缝放置示例如图6-4所示。

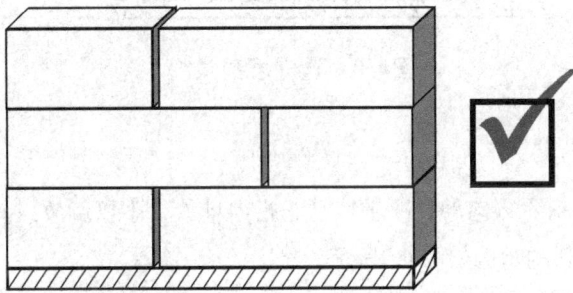

图4-6 骑缝放置

2．堆放的物料不能超出卡板

堆放的物料不能超出卡板是指堆放的物料要小于卡板尺寸，要求受力均匀平衡，不要落空，这样可防止碰撞、损坏纸箱。超出卡板的示例如图4-7所示。

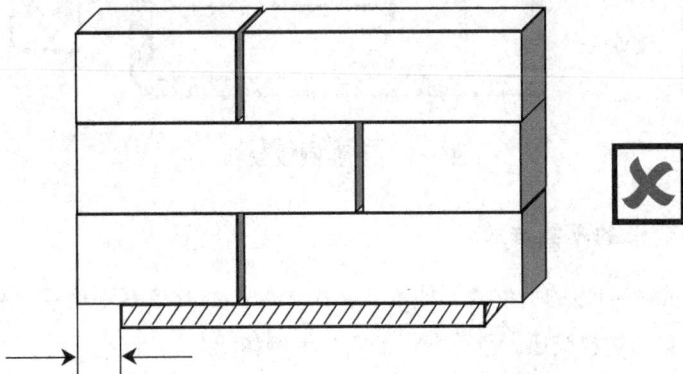

图4-7 超出卡板

3．遵守层数限制

遵守层数极限是指纸箱上有层数限制标志的，要求按层数标志堆放，不要超限，以防止压跨纸箱、挤压物料。遵守层数限制示例如图4-8所示。

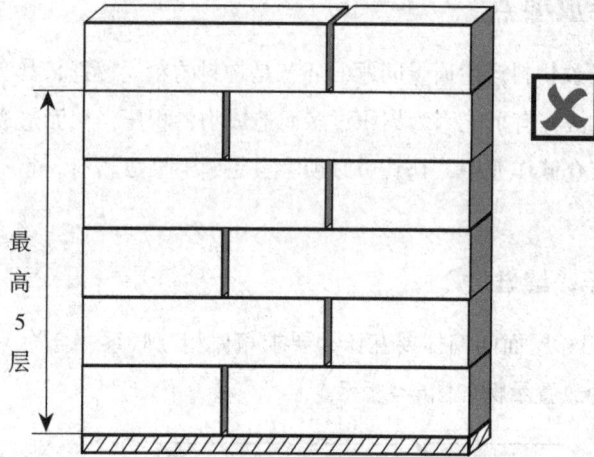

图4-8　遵守层数限制

4．不要倒放物料

在纸箱上有箭头指示方向的，要求按箭头指向堆放，不要倒放或斜放，以防止箱内物料挤压。不要倒放物料的示例如图4-9所示。

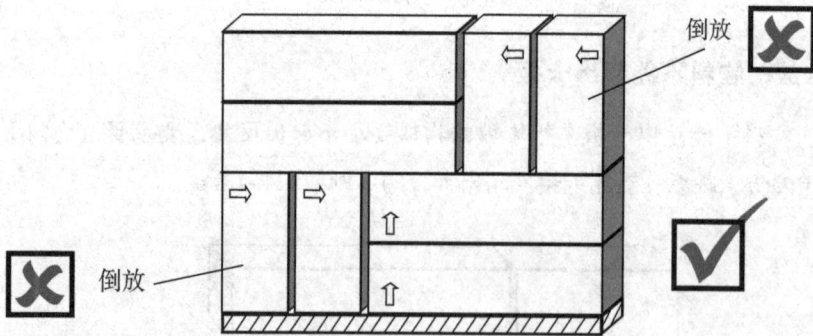

图4-9　不要倒放物料

5．纸箱已变形的不能堆放

如果纸箱外部有明显的折痕就不能堆放，因为变形的纸箱不能承重。受损的纸箱要独立放置，以防止箱内物料受压。剔除变形纸箱的示例如图4-10所示。

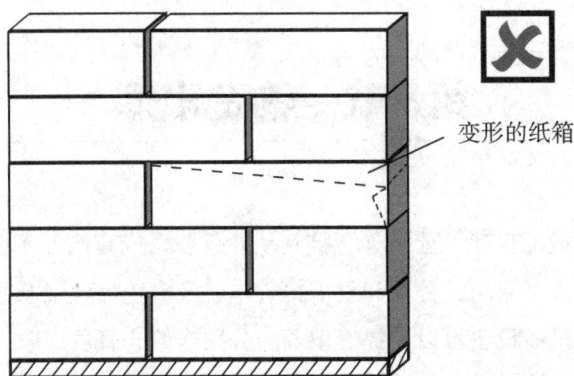

变形的纸箱

图4-10　剔除变形的纸箱

6．纸箱间的缝隙不能过大

因为纸箱的尺寸可能不一样，所以同层纸箱要有间隔距离。堆放要求是最大缝隙应不能大于纸箱，以防止箱内物料受挤压。存在缝隙的示例如图4-11所示。

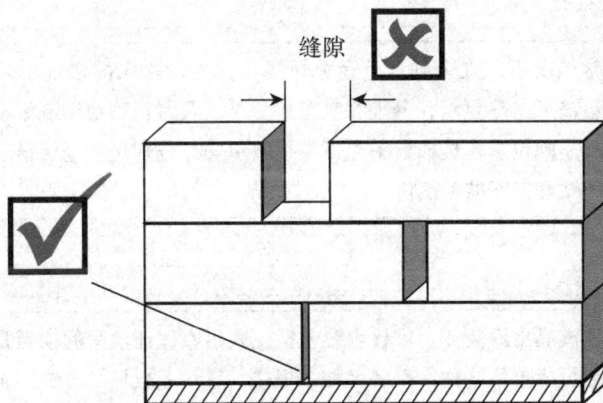

缝隙

图4-11　存在缝隙

7．要按包装标志要求摆放

包装标志是印制或粘贴于物料包装箱上的各种图案，它的目的是指示物料在搬运与保管过程中需要遵守的注意事项，以便满足物料防护的有效性。

正确的标志和使用包装标志有助于对物料进行合理的防护，以减少因意外造成的损失。为了便于在不同语言环境中理解，包装标志应尽量使用通用的、简明易懂的图形。

第5节　物资出库

通常情况下，在成品出库的前一天，接到从外运公司或其他方面送来的提货单后，仓库应按去向、运输工具等要求，分理和复审提货单，及时正确地编制好有关班组的出库任务单、配车吨位单、机械设备单以及提货单等，分别送给仓管员、收发员或理货员等，以便做好出库准备工作。

5.1　物资出库流程

出库时应主要防止发货失误，以及物品移交过程中的划伤磕碰、液体溅出、危险品事故等。物品出库时的主要流程如图4-12所示。

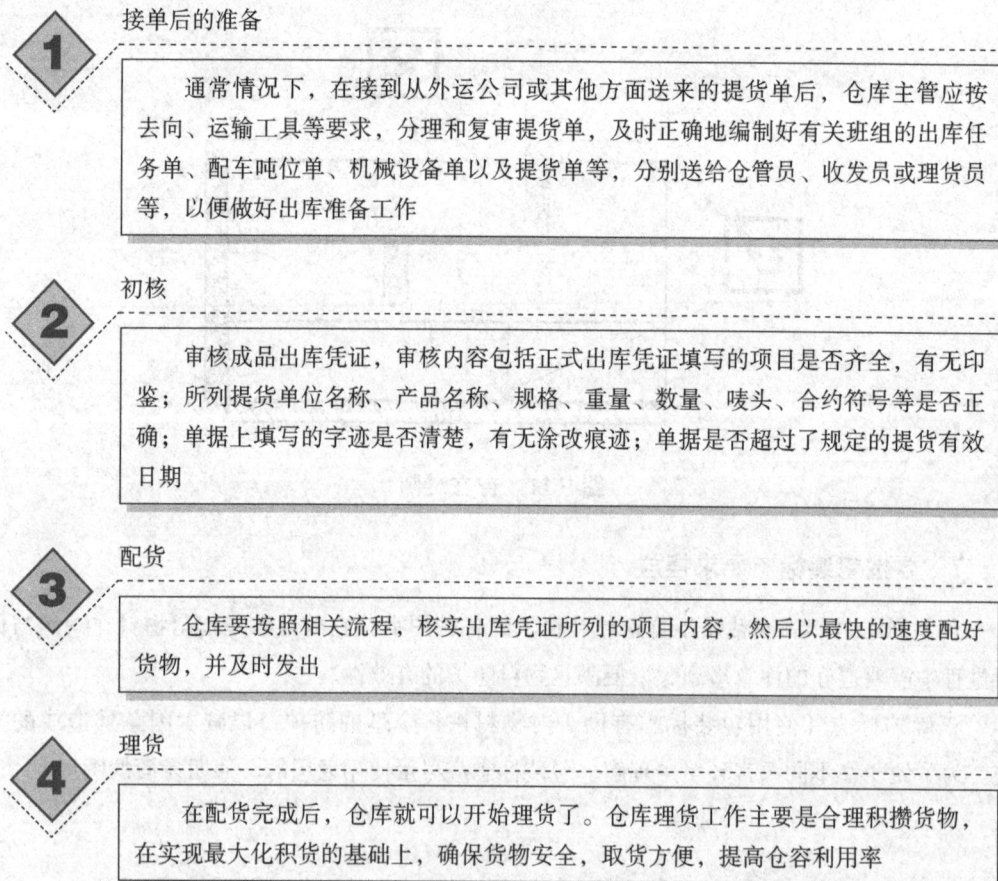

1 接单后的准备

> 通常情况下，在接到从外运公司或其他方面送来的提货单后，仓库主管应按去向、运输工具等要求，分理和复审提货单，及时正确地编制好有关班组的出库任务单、配车吨位单、机械设备单以及提货单等，分别送给仓管员、收发员或理货员等，以便做好出库准备工作

2 初核

> 审核成品出库凭证，审核内容包括正式出库凭证填写的项目是否齐全，有无印鉴；所列提货单位名称、产品名称、规格、重量、数量、唛头、合约符号等是否正确；单据上填写的字迹是否清楚，有无涂改痕迹；单据是否超过了规定的提货有效日期

3 配货

> 仓库要按照相关流程，核实出库凭证所列的项目内容，然后以最快的速度配好货物，并及时发出

4 理货

> 在配货完成后，仓库就可以开始理货了。仓库理货工作主要是合理积攒货物，在实现最大化积货的基础上，确保货物安全，取货方便，提高仓容利用率

5 发货

　　运输部门人员持提货单到仓库时，仓管员或收发理货员应逐单——核对，并点货交给运输人员，以分清责任

6 复核

　　仓管员发货后应及时核对产品储存数，检查产品的数量、规格等是否与批注的账面结存数相符。随后，核对产品的货位量、货卡，如有问题，及时纠正

7 销账销卡

　　产品出库工作结束后，仓管员应销账销卡，清点余数，做好登账记录

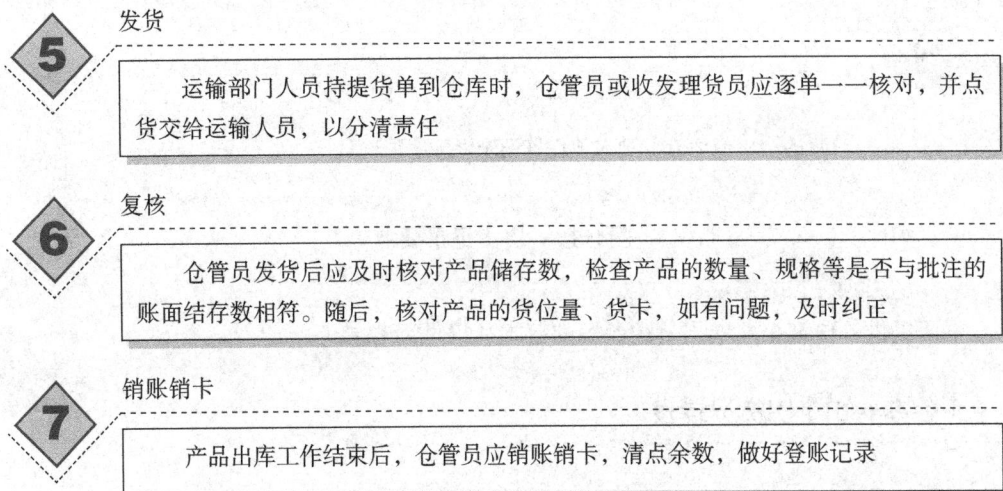

图4-12　物品出库流程图

5.2　出货记录

出货记录是出货责任人完成出货任务的证据。出货记录要注意以下要点，具体内容如图4-13所示。

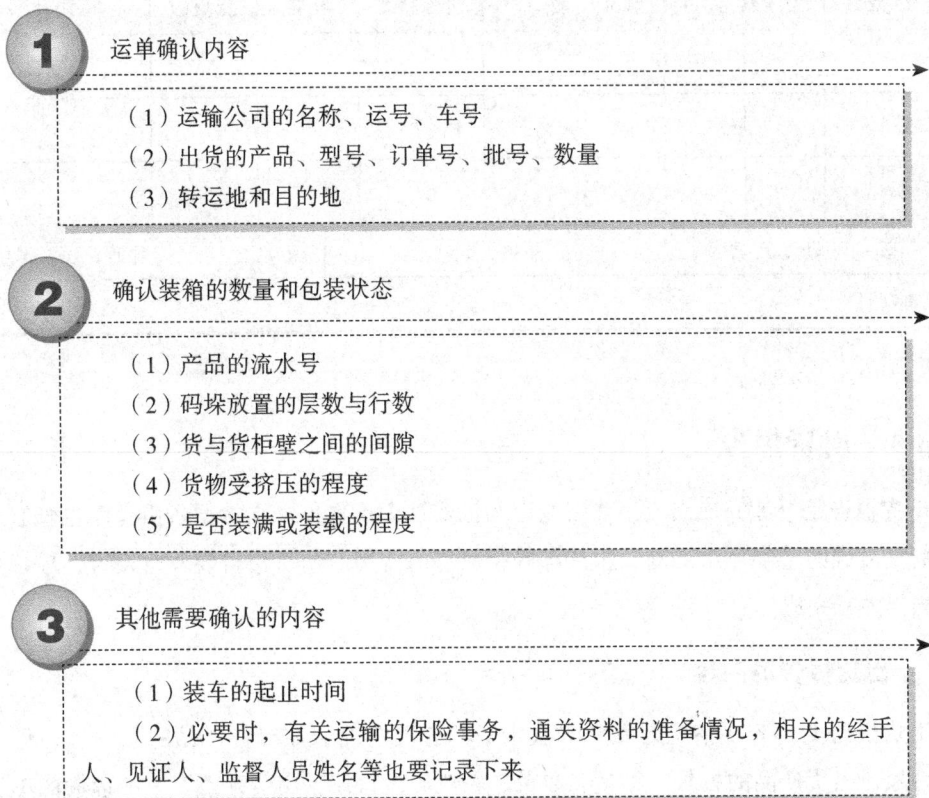

1 运单确认内容

　　（1）运输公司的名称、运号、车号
　　（2）出货的产品、型号、订单号、批号、数量
　　（3）转运地和目的地

2 确认装箱的数量和包装状态

　　（1）产品的流水号
　　（2）码垛放置的层数与行数
　　（3）货与货柜壁之间的间隙
　　（4）货物受挤压的程度
　　（5）是否装满或装载的程度

3 其他需要确认的内容

　　（1）装车的起止时间
　　（2）必要时，有关运输的保险事务，通关资料的准备情况，相关的经手人、见证人、监督人员姓名等也要记录下来

4 签字、确认

拉货的司机或运方负责人须在该记录上签字、确认

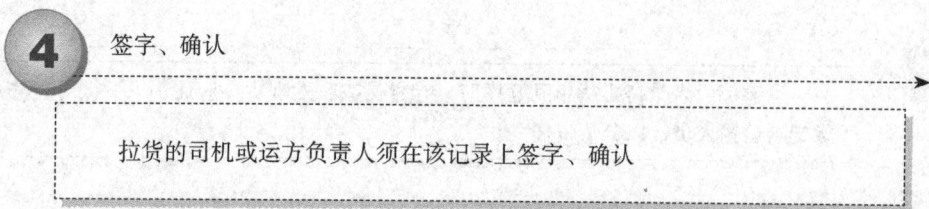

图4-13　出货记录要点

下面提供一份某企业的出货记录表的范本，仅供读者参考。

【范本4-01】出货记录表

出货记录表

日期：_____年___月___日

车牌号：		转运国家/地区：
货柜号/材积：		转运城市/港口：
运输公司：		目的国家/地区：
运单号：	司机姓名：	目的地城市名：

序号	品名	型号	数量	单位	订单号	包装状态	箱数	货盘数	流水号	备注

| 进入时间： | | 开始时间： | | 完成时间： |
| 特别事项说明： | | | | |

经手人：　　　　　　批准人：　　　　　　司机：

5.3　出货报告

出货报告是仓库完成出货工作后制定的证实性记录文件。出货报告由仓库主管制定，制成后发放到财务部、市场部、生产部等相关部门使用。出货报告要及时发行，最好是出货的当天内就完成。

1. 出货报告的内容

出货报告的内容要清楚地反映本次出货的详细情况，如出货产品的类别、名称、规格、型号，出货产品的批号、批量和数量，完成出货日期，出货地点，承接运输的单位和

运输方式，产品出货的目的地。

2．出货报告的用途

出货报告的用途如图4-14所示。

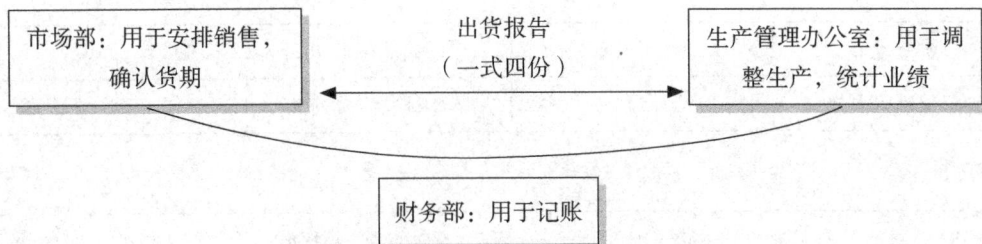

图4-14　出货报告的用途

出货报告应作为重要记录进行保存，以便达到可追溯性、明确责任、统计使用的目的。出货报告的保存期限一般应是使用的当年再加一个日历年。这个期限是最小的时间，使用中可以更长。例如，2013年3月的出货报告至少要保存到2014年12月31日。2013年是使用的当年，2014年1～12月是一个日历年。

3．出货报告的格式

出货报告一般是在公司内部使用的，要使用公司规定的格式，但有些个别的代加工客户会要求使用他们的格式，从满足客户要求的角度出发，也可以这样做。

下面提供一份某企业的出货报告的范本，仅供读者参考。

【范本4-02】出货报告

出货报告

日期：_____年___月___日　　　　　　　　　　　　　　　　　编号：

序号	品名	型号	批号	订单号	出货数量	箱数	箱号	目的地	集装箱号	承运公司	备注

（续表）

特别事项说明：			
出货地点		完成时间	
生产控制人员确认		出库检验人员确认	
备考：			
担当：	检讨：		批准：
分发：□市场部　　□财务部　　□生产管理办公室　　□其他部门 签收：			

第6节　退补物资

6.1　退补物资的流程

退补物资是指物资领取部门如果发现有与产品规格不符、品质不良的物资，应退回仓库，更换合格的物资，以满足生产的需要。退补物资的流程具体如图4-15所示。

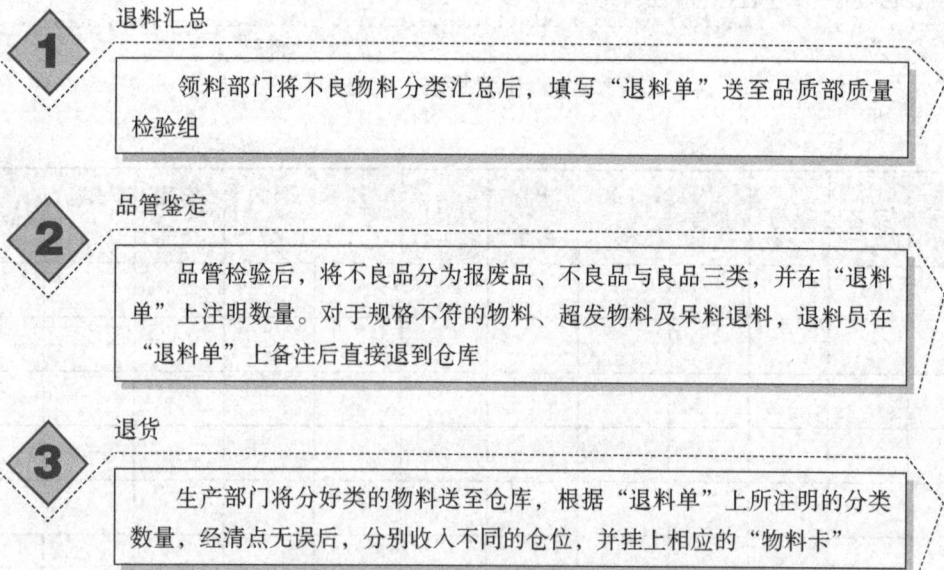

1 退料汇总

　　领料部门将不良物料分类汇总后，填写"退料单"送至品质部质量检验组

2 品管鉴定

　　品管检验后，将不良品分为报废品、不良品与良品三类，并在"退料单"上注明数量。对于规格不符的物料、超发物料及呆料退料，退料员在"退料单"上备注后直接退到仓库

3 退货

　　生产部门将分好类的物料送至仓库，根据"退料单"上所注明的分类数量，经清点无误后，分别收入不同的仓位，并挂上相应的"物料卡"

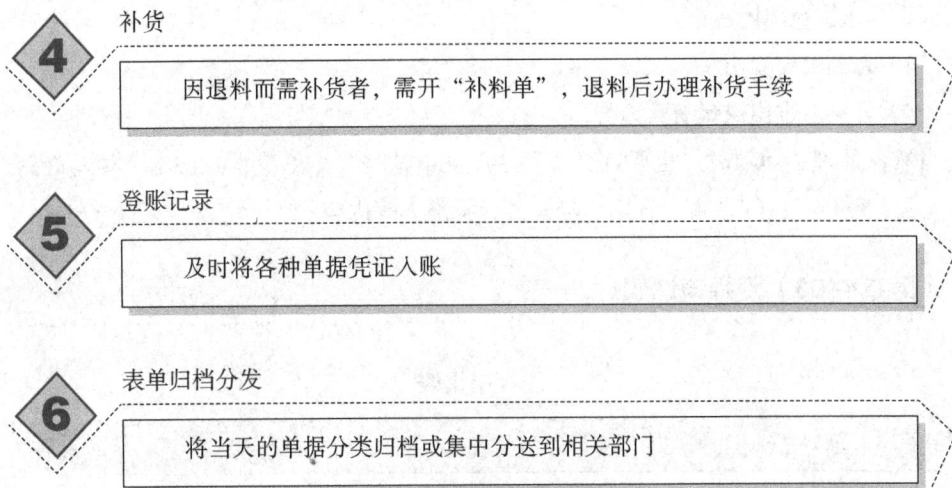

4 补货

因退料而需补货者，需开"补料单"，退料后办理补货手续

5 登账记录

及时将各种单据凭证入账

6 表单归档分发

将当天的单据分类归档或集中分送到相关部门

图4-15　退料补货流程

6.2　退料的处理方式

1．余料缴库

生产部门将其领用而剩余的物料，再退回到仓储部门。余料退回时，退料单位应该填写退料报告单，连同所退物料送到仓储部门办理退料。

2．坏料缴库

坏料是指损坏而不能使用的物料，任何企业皆不可避免。坏料退回时需开具坏料报告单，连同坏料一并缴回仓储单位。

3．废料缴库

废料是工厂在制造过程中，遗留下来的碎残物料，本身仍有残余价值。生产部门应在一定期间内将其收集，并开立废料报告单，与废料一并缴回仓储部门。

6.3　物资报废的要点

更换物资时，要出示用剩的残壳（如包装盒、袋）。用完的残渣、壳体，不能随便扔进垃圾堆里，也应遵循相应的规定。这样做除了能够简化更换手续外，还有以下作用。

（1）可防止再次冒领。若不能出示旧残物，便不能得到新的，只有通过申请才能得到，那么就可起到有效监督的作用。

（2）可以按同一标准确认损坏程度，防止误判。预先设定样品的话，更换人可以参照样品判定，避免误差。

（3）有些残物要特殊对待，不能当作一般生产垃圾处理，有的要交由专业公司处理。

总之，要考虑避免环境污染。

（4）有的可变卖出去，变废为宝。

（5）可核对进出数量有无差异。

当然，处理3~4项时，也要认真填写"废弃申请表"（见范本4-03），填写好副料名称、型号、数量、废弃理由、日期、经办人、批准人等内容。

【范本4-03】废弃申请表

废弃申请表

序号	副料名称	型号	数量	废弃理由	日期
经办人			批准人		

要点提示

明确领取和更换的条件后，对以旧换新的物品还要设定更换样品，以便让使用者都知道，既不能以优充次，能用的故意不用；也不能以次充优，不能用的还硬要用。

学习笔记

通过学习本章内容，想必您已经掌握了不少学习心得，请仔细填写下来，以便巩固学习成果。如果您在学习中遇到了一些难点，也请如实写下来，以备今后重复学习，彻底解决这些学习难点。

同时本章给出了大量图表范例，与具体的理论内容互为参照和补充，方便您边学边用，请读者如实填写您的运用计划，以使工作与学习相结合。

我的学习心得：

1. _____
2. _____
3. _____

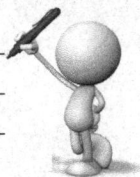

我的学习难点：

1. _____
2. _____
3. _____

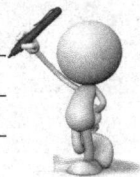

我的运用计划：

1. _____
2. _____
3. _____

第 5 章

库存成本控制

企业的库存成本控制是为了降低进货成本，以满足生产、销售或经营的需要。但是，如果存货过多会占用较多的资金，并且会增加包括仓储费、保险费、维护费、管理人员工资在内的各项开支。企业要从订货点的选择、订货数量的确定，以及货品的分类、验收与储存等方面来降低存储成本、资金占用的机会成本，加速资金周转速度。

第1节　物料计划管理

1.1　制订生产计划

生产计划是生产活动的起点，也是实施物料需求计划（MRP）的条件之一。为了使生产计划的功能更加明确，企业需遵循以下五个步骤。

1. 分清企业的生产形态

企业应以各种观点去分析自身的生产形态，找出与之相符合的生产结构，切实强化生产计划功能。检查生产计划的功能时，最重要的是生产形态的分析。通过以下四种观点，可了解企业的生产形态。

（1）产品的种类和生产量：从品种的数量和生产量方面去观察生产。

（2）接到订单的时期：从接到订单的时期开始观察生产。

（3）生产的连续性：按生产的方式决定连续性生产或是达到一定数量后再生产。

（4）启用库存品和生产的关系：从接到订单再启用库存去观察生产。

2．筹集零件及材料

工厂生产的基本活动是"筹集物料"。如何适时筹集必要的零件、材料，对生产计划的完成有很大影响。通常都把生产计划按日程区分。

3．制订产品生产计划

要让客户满意，配合客户的要求去生产产品，就必须制订一个符合各部门能力的生产计划。

（1）统计生产数

按装配线、产品别、日别统计接受订单的数量。

（2）计算生产日数

生产日数可按逆时针计算，根据日别的生产数量算出生产开始日期。

（3）按订单的优先顺序排程

按订单优先顺序排程的判定基准，通常为交货期限。交货期早，则优先。除交货期限外，还应考虑交货日期前的富余程度。

4．启用预先生产计划所生产的库存品

企业通常有两种生产计划，其一是预期备品（库存）的计划，即预先生产计划；其二是接单后再生产的计划，即接单生产计划。企业必须活用预先生产计划下所生产的产品。

预先生产计划和接单生产计划这两种生产计划方式并非各自独立，在有些企业里，是按接到订单和预期的不同而形成的生产计划。

5．制订符合生产能力的计划

为应对客户要求，企业的能力需要富有弹性。订单量的突然增加常会影响交货期，因此，企业要充分检查生产计划是否符合其实际生产能力。

到了此阶段，企业应启用库存品，并制订基本的生产计划，这是MRP的一个组成部分。对于制订好的计划，企业必须检讨其是否符合自身的生产能力。具体的检查内容如下所示。

（1）该订单产品所需"零件/材料"的供应是否能配合订单要求的交货期限。

（2）生产"能力"（无论"零件/材料"是否备齐）。

1.2 MRP项目计算方式

任何计划都包含两种基本的决策变量：数量和时间期限。物料需求计划也同样如此。具体来说，物料需求计划中共有以下六个计划项目。

1．总需要量

总需要量又称毛需要量，是指为满足其母项物料的需求而要求提供该物料的数量。总需要量是分时间周期（周）提出的，用 $G_j(t)$ 表示。其中，j 代表物料号，t 代表周期号。必须说明的是，总需要量来自该项物料的直接母项，而不是按最终成品对它的需要量计算得出。零层物料，即产品的总需求量就是主生产计划的产品产量。

2．计划到货量

计划到货量是指已经投产或已经订购，预计可在计划周期（t）内到货入库的物料数量。该项变量用 $S_j(t)$ 表示。

3．可用库存量

可用库存量是指在满足总需要量后，尚剩余可供下个周期使用的存货量。该变量习惯上用周期末的库存量代表，以 $H_j(t)$ 表示。每期的可用库存量按下式计算：

$$H_j(t) = H_j(t-1) + S_j(t) - G_j(t) - A_j(t)$$

式中，$A_j(t)$ 表示已预留给其他产品使用的数量，即预留库存量。

4．净需要量

当可用库存量不满足该期总需要量时，其短缺数量就转化为净需要量，以 $N_j(t)$ 代表。

$$N_j(t) = G_j(t) - H_j(t-1) - S_j(t)$$

当计算结果为负数时，则 $N_j(t)$ 取零。

5．计划订货量

计划订货量是指向生产部门或供应部门下达的订货任务量。但在实际生产或供应时，需考虑它们的经济性和计划节奏性等因素，并对净需要量加以调整。常用的调整方法有固定订货批量法、经济订货批量法、直接批量法、固定订货间隔期法、最小总成本法等。按批量规则将净需要量调整成的生产批量或采购批量就是计划订货量，用 $P_j(t)$ 代表。其中 t 是预定的交货时间。

6．计划投入量

计划投入量是指投入生产或提出采购的数量，用 $R_j(t')$ 代表。它在数量上一般等于计划订货量，只是将时间从订货量的交货时间反推一个提前期，以得到投入的时间：

$$R_j(t') = P_j(t-L)$$

式中，L 表示该项物料的制造提前期或采购提前期。

这里的提前期是指物料在所处的生产阶段中，所需要的制造周期。如部件的提前期是部件装配的生产周期，零件的提前期则是它的机械加工的生产周期。

第2节　实施MRP管理

2.1　MRP阶段管理要点

企业可分三个阶段来建立MRP系统，从而循序渐进地应用MRP管理技术。

1．数据管理阶段

工厂内的很多活动，如接单、出货、采购、生产加工或验收等都可以用产品或物料的品种、数量、金额等单位来描述与表达，即可用数据来表达。

这类可用数据表达的活动又称为交易，每一次活动均视为一项交易。所谓数据管理，便是对各种交易的记录、整理分析、应用、保存等工作所进行的管理。

该阶段的目标是借助电脑来做好各项交易的处理工作，让库存的资料准确、完整和及时。

2．职能整合阶段

本阶段的主要目标是在各项基本职能的交易数据输入电脑后，在不同职能间的整合上下力气，以消除不必要的或重复的作业，强化整体、全局的管理控制，并降低交易处理所需要的人力。

在本阶段，针对软件的配合，第一阶段不限制的某些功能（如无采购单的验收、无制造命令的领料等）应随着电脑化范围的扩充（电脑化系统延伸）及管理体制的强化（作业程序标准化）而逐步严格规范。

第二阶段的工作重点已经由资料面转移到管理面，工作人员应借助各项管理规范逐步严格地实施，使不同职能间的工作更紧密地连在一起，同时也提升相关资料的准确性与及时性，为下阶段的工作做好准备。

3．自动计划阶段

通过前面两个阶段的努力，用电脑做好交易数据管理和职能整合工作后，资料的及时性强，精确度高，职能上涵盖面广，代表企业的资料管理已达到一定的标准，同时企业的管理制度也执行到一定程度，这时即可开展第三阶段的工作：用电脑来自动进行通盘性的计划作业，其中最主要的计划包括以下两种。

（1）大日程计划，也称为产销排程（MPS）。

（2）物料需求计划（MRP）。

2.2 MRP库存控制

加强MRP库存控制的措施如图5-1所示。

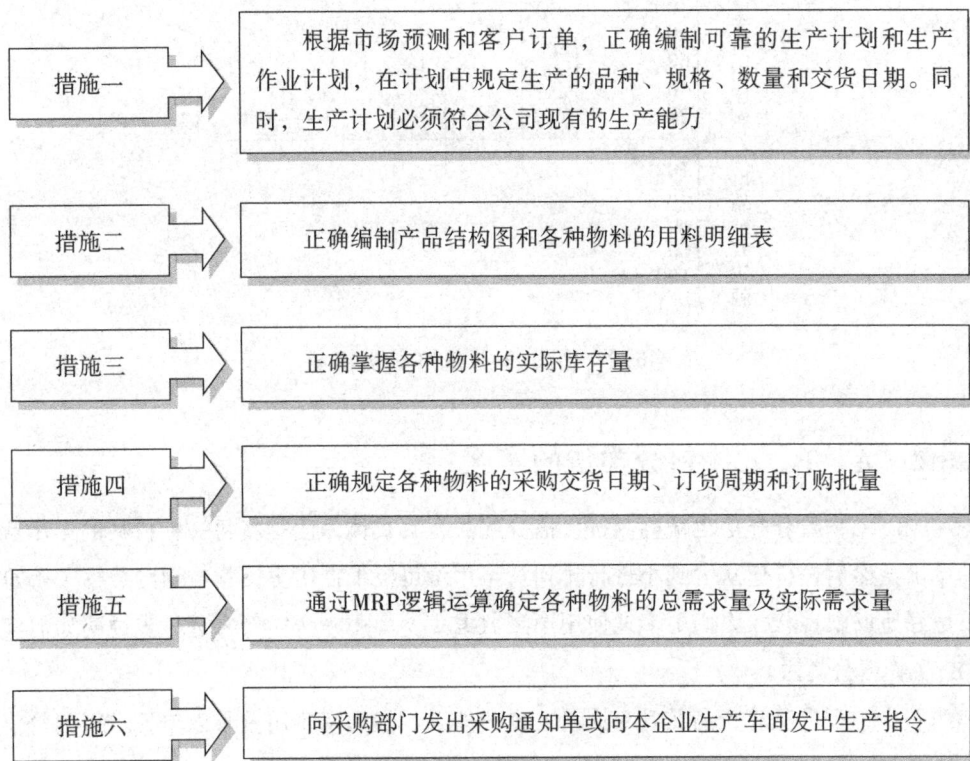

措施一	根据市场预测和客户订单，正确编制可靠的生产计划和生产作业计划，在计划中规定生产的品种、规格、数量和交货日期。同时，生产计划必须符合公司现有的生产能力
措施二	正确编制产品结构图和各种物料的用料明细表
措施三	正确掌握各种物料的实际库存量
措施四	正确规定各种物料的采购交货日期、订货周期和订购批量
措施五	通过MRP逻辑运算确定各种物料的总需求量及实际需求量
措施六	向采购部门发出采购通知单或向本企业生产车间发出生产指令

图5-1　MRP库存控制措施

第3节　A、B、C分类控制

A、B、C分类法是指按照全年货币价值从大到小排序，将库存的所有物料划分为三大类，分别称为A类、B类和C类。A类物料价值最高，应受到高度重视，处于中间的B类物料受重视程度稍差；C类物料价值低，仅进行例行控制管理。A、B、C分类法的原则是通过放松对低值物料的控制管理而节省精力，从而把高值物料的库存管理工作做得更好。

3.1　A、B、C物料分类的标准

A、B、C分类的标准一般为：占65%～80%价值的15%～20%的材料划为A类；占

15%～20%价值的30%～40%的材料划为B类；占5%～15%价值的40%～55%的材料划为C类，具体如图5-2所示。

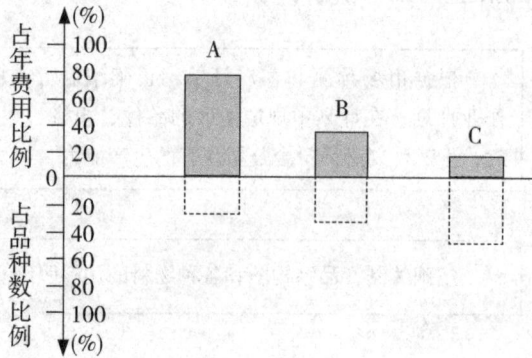

图5-2 物料的A、B、C分类标准

3.2 A、B、C物料分类法的实施

A、B、C物料分类法也被称为按价值分配法，其具体做法是将每一种材料的年用量乘上其单价，然后按价值从大到小进行排列。年用量可以根据历史资料或预测数据来确定。为了更好地反映现状，人们更多地使用预测数据。下面用一个实例来进一步说明如何实施A、B、C物料分类法。

第一步，列出所有产品及其年用量（预测值），然后将年用量乘以单价求得其价值。按价值的高低标明各种物料的大小序号，具体如表5-1所示。

表5-1 物料及其用量情况

物料代码	年使用量（件）	单价（元）	年费用（元）	序号
O	250 000	0.08	20 000	5
P	1 000 000	0.12	120 000	2
Q	30 000	0.10	3 000	9
R	600 000	0.06	36 000	3
S	35 000	0.12	4 200	8
T	1 400 000	0.09	126 000	1
U	75 000	0.07	5 250	7
V	350 000	0.08	28 000	4
W	75 000	0.09	6 750	6
X	10 000	0.11	1 100	10

第二步，按序号大小将物料重新排序，具体如表5-2所示。

表5-2　物料及费用情况

物料代码	年使用量（件）	单价（元）	年费用（元）	序号
T	1 400 000	0.09	126 000	1
P	1 000 000	0.12	120 000	2
R	600 000	0.06	36 000	3
V	350 000	0.08	28 000	4
O	250 000	0.08	20 000	5
W	75 000	0.09	6 750	6
U	75 000	0.07	5 250	7
S	35 000	0.12	4 200	8
Q	30 000	0.10	3 000	9
X	10 000	0.11	1 100	10

第三步，对上述表单进行整理，即可得到A、B、C分类汇总表，具体如表5-3所示。

表5-3　A、B、C分类汇总

类别	物料代码	种类百分比	每类年费用额	占年费用总额的比例
A	T，P	20%	246 000	70%
B	R，V，O	30%	84 000	24%
C	W，U，S，Q，X	50%	20 300	6%

3.3　A、B、C物料的管理

1．A类物料

A类物料在品种数量上仅占15%左右。但如能管理好它们，就等于管理好了70%左右消耗金额的物资。对A类物料的管理应从图5-3所示的几个方面进行。

1 勤进货

最好买了就用，用了再买。这样自然会降低库存量，从而提高资金周转率

2 勤发料

> 应适当控制每次发料量。减少发料批量，可以降低二级仓库的库存量，也可以避免以领代耗的情况出现。当然，每次发料的批量都应满足生产上的需要

3 了解需求的动向

> 即对物料需求量进行分析，弄清楚哪些是日常需要的物料，哪些是集中消耗的物料

4 安全库存

> 恰当选择安全系统，使安全库存量尽可能减少

5 与供货厂商密切联系

> 要提前了解供货厂商的合同执行情况、运输情况等，并与其协商各种紧急供货的互惠方法，包括经济上的补贴办法

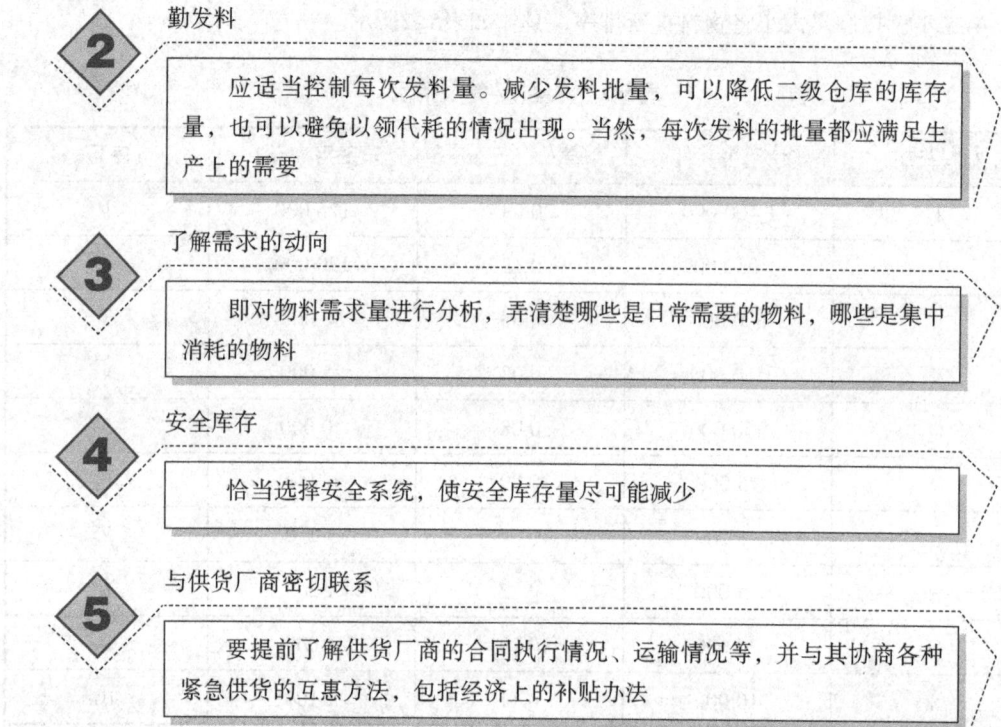

图5-3　A类物料的管理

2．B类物料

B类物料的状况处于A类、C类之间。因此，其管理方法也介乎A类、C类物料的管理方法之间，采用普通的方法（常规方法）管理。

3．C类物料的管理

C类物料与A类物料相反，品种数众多，但所占消耗金额却很少。C类物料品种繁多，如果像A类物料那样一一加以认真管理，则费力不小，经济效益却不大，是不合算的。C类物料管理的原则恰好和A类相反，不应投入过多管理力量，应多储备一些，以便集中力量管理A类物料。

要点提示

> 至于多年来不发生消耗的物料，已不属于C类，而应视作积压物料。这部分库存，除其中某些品种因其特殊作用仍必须保留的以外，应该清仓处理，避免积压。

第4节　完善库存管理

4.1　零库存管理要点

要实施MRP，则要实现零库存，这就要求企业必须整顿好管理体制，逐渐而具体地掌握库存情况，提高库存管理水准，提高精确度。其管理要点如下：

1．把整个企业当作一个资材仓库看待

把整个企业当成一个很大的仓库，确实掌握其"进"和"出"。这种方法，以采购的传票作物料的入库管理，以产品的出货传票来管理物品，只要减去出库部分，便可掌握库存。它不考虑内部物品的转移，无论是物料，还是在制品，都当作是库存。

用电脑进行这种进、出库存处理的话，出库部分的扣除须同时考虑如下两点。

（1）不要弄错单位的转换

对一个产品的消耗物料量，不应以一个、两个来计算，而须换算成千克、平方米等与产品不同的单位，然后给予扣除。

（2）应在考虑耗损率之后再予以扣除

耗损率是因失败发生的损失或因某些特定因素使物料的利用率无法达到100%，这部分若没有预先扣除，会使账面的库存逐渐增加，以致和实际库存不符。

2．把企业分为资材库和产品库

生产企业可大致一分为二，"进"是资材仓库，"出"是产品仓库。这样就同资材的补充和接单出货相对应。完成传票是资材的出库传票，同时也是产品的入库传票。有了这个传票，当产品生产完成，从资材库扣除的时候，要做产品库存的入库处理，因此，能进一步提高库存管理的精确度。如把半成品及部分零件当作预备库存保管在仓库中时，也要和产品一样，在入库时做完成传票，出库时做出货传票。

3．将在制品库存从资材仓库分离出来

掌握了"进"和"出"之后，接着就要把内部整顿好，将整个企业当作一个工程，正确地去掌握在制品库存。在这阶段中，并不是要掌握各工程别的在制品，而是要把生产的工程作一个整体管理，当物资从资材库向工程转移时，一定要开立传票，且必须明确开立传票的责任单位并将流程标准化。

4．企业外部的在制品也要管理

在制品库存不仅限于内部。向外订购的物品和在制品库存的性质是一样的，因此，要

把在制品库存区分为企业内和企业外两种，以掌握订购的库存。

企业外库存就按放置场所和供应商类别掌握其库存。这时，可依供应商的资材支付传票入库，并从交货时的验收传票中予以扣除，以此管理供应商的支付材料库存。

提供给供应商的材料，要加以管理，有偿提供时，等于在会计上销售一次，因此，应在资产上扣除。这些资材迟早会成为产品的一部分加以回收，在管理上，可当作供应商的在制品。

5．在制品库存的管理

把企业的物流过程分成若干个工序，分别掌握每个工序的在制品库存。

为掌握在制品库存，必须把终端放在现场，以有效的方式收集信息。在这个步骤里，要利用一品一张的作业传票去进行工序与工序间的转移。

4.2　安全储存管理要点

物料储存的控制方法包括以下几个方面。

1．分类存放

物资的储存保管，原则上应以物资的属性、特点和用途来规划、设置，并根据仓库的条件划分区域。吞吐量大的物资落地堆放，周转量小的物资用货架存放。落地堆放的物资按分类和规格排列编号，上架的物资按分类定位编号。

2．科学堆放

物资堆放的原则是：在堆垛合理、安全、可靠的前提下，推行五五堆放；根据货物特点，必须做到过目见数，检点方便，成行成列，排放整齐。

3．明确职责

仓管员对库存、代保管、待验的材料以及设备、容器、工具等负有经济责任和法律责任，因此要坚决做到人各有责，物各有主，事事有人管。仓库物资如有损失、贬值、报废、盘盈、盘亏等情况，仓管员应及时向上级报告，分析原因，查明责任，按规定办理报批手续，未经批准一律不准擅自处理。仓管员不得采取"发生盈时多送，亏时克扣"的违纪做法。

4．加强保管

保管物资时，保管人员要根据其自然属性，按储存的场所和保管常识处理，加强保管措施，达到"十不"要求，确保不发生保管责任损失。同类物资堆放时，要考虑先进先出原则，以方便发货，留有回旋余地。

5. 严格审批

所保管的物资未经上级同意，一律不准擅自借出。总件物资，一律不准拆件零发，如有特殊情况应经上级批准。

6. 保障安全

严格遵守仓库保卫制度，禁止非本库人员擅自入库。仓库内严禁烟火，明火作业需经保卫部门批准。仓管员要懂得使用消防器材及掌握必要的防火知识。

4.3 定期盘点

盘点是指定期或不定期地对库存物品的实际数量进行清查、清点的作业，即为了掌握物品的流动情况（入库、在库及出库的流动状况），将仓库现有物品的实际数量与保管账上记录的数量相核对，以便准确地掌握库存数量。物品盘点前准备工作流程具体如图5-4所示。

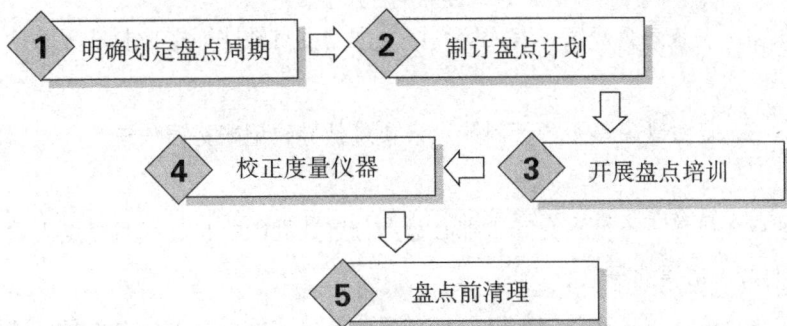

图5-4　盘点前准备工作流程

1. 明确划定盘点周期

盘点的方式不同，需要划定的盘点周期也不尽相同，有些物品可能需要每月盘点一次，如贵重物品；有些物品可能一年才盘点一次。这需要视盘点的具体情况而定。

2. 制订盘点计划

根据仓库管理及生产的需要，仓管经理需要制订一个盘点计划，做好盘点工作所涉及的各类事宜的准备工作，如人员安排、设备安排等。

3. 开展盘点培训

每当定期盘点时，为使盘点工作顺利进行，可能需要抽调人手增援。对于从各部门抽调来的人手，仓管经理必须加以组织分配，并进行短期的培训，使每一位人员在盘点工作中确实能够彻底了解并担当好其应尽的责任。

4．校正度量仪器

盘点过程中会用到一些度量仪器，盘点之前，必须做好这些仪器的校正工作。

5．盘点前清理

盘点之前，生产线必须做好退料工作，以使仓库管理员掌握最全面的物品库存情况。供应商所交来的、还没办完验收手续的物品，所有权应为供应商所有，必须与企业自己的物品分开，避免混淆。对于已验收完成的物品应即时整理归仓。

4.4 盘点差异处理

盘点过程中，如发现账物不符的现象，应积极寻找产生账物差异的原因，同时做好预防、修补及改善工作，防止差异再次发生。

1．查早差异原因

盘点所得资料与账目核对结果，如发现账物不符的现象，则应积极寻找产生账物差异的原因。差异原因的追查可从下列数项着手进行。

（1）账物不一致是否确实，有无因料账处理制度有缺陷而造成料账无法确实反映物料数目的情况。

（2）盘盈、盘亏现象是否由于料账员素质过低导致记账错误或进料、发料的原始单据丢失造成。

（3）盘点人员是否不慎多盘或未细心盘点分置数处的物料，或对盘点人员的事先培训工作不彻底而造成错误的现象。

（4）对盘点差异现象的原委加以检查，查看盘盈、盘亏是否是由于盘点制度的缺陷所造成的。

（5）盘点结果与料账的差异是否在容许范围之内。

（6）发现盘盈、盘亏的原因，看今后是否可以事先设法预防或能否缓和账物差异的程度。

2．盘盈、盘亏的处理

物料一经盘点并将盘盈、盘亏的原因查清之后，企业应作适当调整与处理。除物料数量的盘盈、盘亏之外，有时因物料存放过久，物料品质受影响而形成呆料、不良品、报废品，物料价值随之降低，这种现象也应该与盘亏一并处理。

对于物料盘盈、盘亏与价格增减现象，必须由上级主管认定，然后由其填具"物料盘点数量盈亏及价格增减更正表"（见范本5-01），以作为改正账簿记录的依据。

【范本5-01】物料盘点数量盈亏及价格增减更正表

物料盘点数量盈亏及价格增减更正表

物料编号	单位	账面			实存			数量				价格				差异原因	责任归属	备注
								盘盈		盘亏		增价减价						
		数量	单价	金额	数量	单价	金额	数量	金额	数量	金额	单价	金额	单价	金额			

3．预防及改善方法

（1）若呆废料比率过重，应分析相关原因，致力于降低呆废料。

（2）存货周转率极低，存料金额过大造成财务负担过大时，应设法降低库存。

（3）物料供应不继率过大时，设法强化物料计划与库存管理及采购的配合。

（4）料架、物料存放地点足以影响物料管理绩效，应设法改进。

（5）成品成本中物料成本比率过大时，应探讨采购价格偏高的原因，设法降低采购价格或设法寻找廉价的代用品。

（6）物料盘点工作完成以后，若发生差额、错误、变质、呆滞、盈亏、损耗等情况，应分别予以处理，并防止以后再发生此类情况。盘点结果处理方法如图5-5所示。

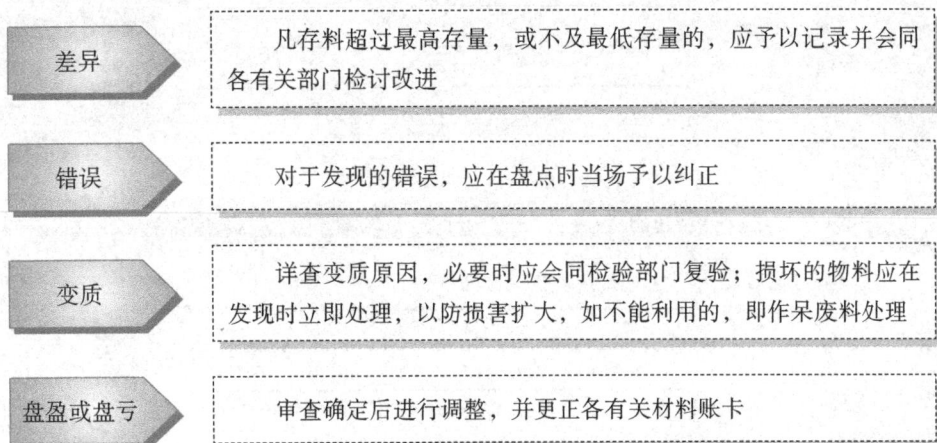

差异	凡存料超过最高存量，或不及最低存量的，应予以记录并会同各有关部门检讨改进
错误	对于发现的错误，应在盘点时当场予以纠正
变质	详查变质原因，必要时应会同检验部门复验；损坏的物料应在发现时立即处理，以防损害扩大，如不能利用的，即作呆废料处理
盘盈或盘亏	审查确定后进行调整，并更正各有关材料账卡

图5-5 盘点结果处理方法

学习笔记

通过学习本章内容，想必您已经掌握了不少学习心得，请仔细填写下来，以便巩固学习成果。如果您在学习中遇到了一些难点，也请如实写下来，以备今后重复学习，彻底解决这些学习难点。

同时本章给出了大量图表范例，与具体的理论内容互为参照和补充，方便您边学边用，请读者如实填写您的运用计划，以使工作与学习相结合。

我的学习心得：

1. _____
2. _____
3. _____

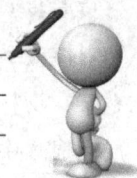

我的学习难点：

1. _____
2. _____
3. _____

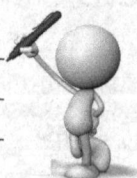

我的运用计划：

1. _____
2. _____
3. _____

第 **6** 章

财务成本控制

财务成本控制是指通过以财务会计为主的各种方法，来预定企业的经营成本限额，并按限额开支成本和费用。企业通常会以实际成本和成本限额的比较结果来衡量经营活动的成绩和效果，并以例外管理原则纠正不利差异，以提高工作效率，实现财务成本精益化管理。

第1节　改进财务分析体系

传统的财务分析体系能够评价企业财务中的不足，找出影响公司财务的相应指标，并提出相应的改进办法。但该体系也存在着不足，即不能反映企业各项评价指标的相互关系。因此，企业应改进财务分析体系，将公司的几项财务指标纳入分析体系，从而更全面地反应企业的运营情况。

1.1　传统的财务分析体系

1. 财务分析体系指标关系

权益净利率 = 销售利润率 × 总资产周转率 × 权益乘数

$$= \frac{\text{净利润}}{\text{销售收入}} \times \frac{\text{销售收入}}{\text{总资产}} \times \frac{\text{总资产}}{\text{股东权益}}$$

= 总资产利润率 × 权益乘数

销售利润率和总资产周转率可以反映企业的经营战略，两者经常呈反方向变化，这种现象不是偶然的。

财务杠杆（即权益乘数）可以反映企业的财务政策。一般说来，总资产利润率与财务杠杆也呈反方向变化，这种现象也不是偶然的。

2. 传统财务分析体系的局限性

传统财务分析体系的局限性如图6-1所示。

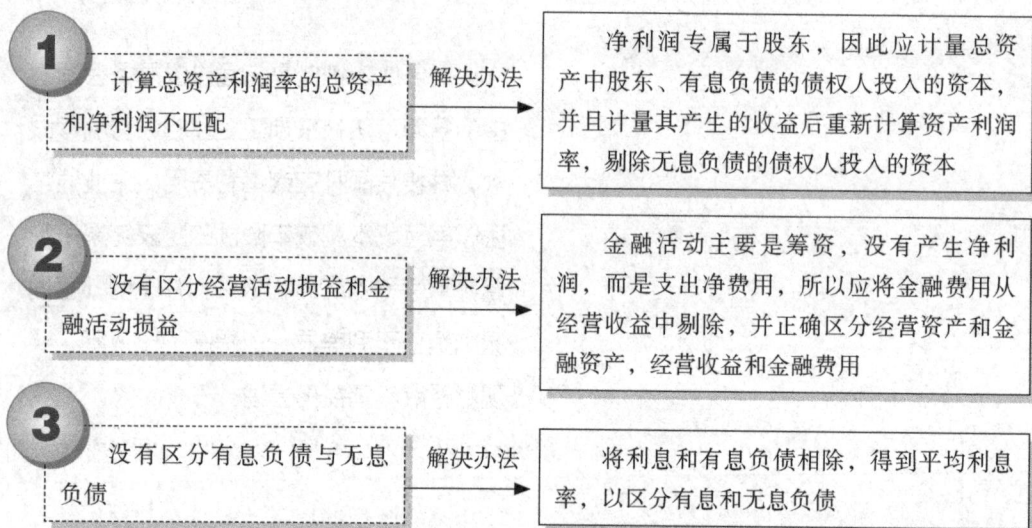

图6-1 传统财务分析体系的局限性

3. 因素分析法的应用

因素分析法是一种非常重要的财务分析方法。运用因素分析法，企业能够准确计算各个影响因素对分析指标的影响方向和影响程度，有利于企业进行事前计划、事中控制和事后监督，促进企业进行目标管理，提高企业的经营管理水平。

例：本年权益净利率 $N_1 =$ 销售净利率 $A_1 \times$ 资产周转率 $B_1 \times$ 权益乘数 C_1；

上年权益净利率 $N_0 =$ 销售净利率 $A_0 \times$ 资产周转率 $B_0 \times$ 权益乘数 C_0。

（1）连环替代法

分析：总变动 $= N_1 - N_0$。

上年：$N_0 = A_0 \times B_0 \times C_0$。

第一次替代上年：$NA = A_1 \times B_0 \times C_0$。

第二次替代上年：$NB = A_1 \times B_1 \times C_0$。

第三次替代上年：$NC = A_1 \times B_1 \times C_1 = N_1$。

$(NA - N_0) + (NB - NA) + (N_1 - NB) = N_1 - N_0$。

括号内为每一个替代因素的变动影响金额。

（2）差额分析法

A的影响：$(A_1 - A_0) \times B_0 \times C_0$。

B的影响：$A_1 \times (B_1 - B_0) \times C_0$。

C的影响：$A_1 \times B_1 \times (C_1 - C_0)$。

总变动$=N_1-N_0=A+B+C$。

1.2 改进的财务分析体系

由于传统财务分析体系存在一定的局限性，人们对传统财务分析体系做了一系列改进后，逐步形成了一个新的分析体系——改进的财务分析体系。

1. 调整资产负债表

将传统资产负债表调整为管理资产负债表，具体内容如图6-2所示。

标准资产负债表	
资产	负债
	股东权益
资产总计	负债及股东权益总计

有无利息

有无利息要求

经营资产 金融资产	经营负债 金融负债 股东权益
资产总计	负债及股东权益总计

管理资产负债表	
经营资产 减：经营负债	金融负债 减：金融资产
	净金融负债（净负债）
	股东权益
净经营资产	负债及股东权益总计

其中：净经营资产—净金融负债＋股东权益
净经营资产＝经营资产—经营负债
净金融负债—金融负债—金融资产

图6-2 资产负债表的调整

（1）经营资产与金融资产：区分两者的主要标志是有无利息。能够取得利息的则列为金融资产，视为未投入运营的资产，否则应归入经营资产。

（2）经营负债与金融负债：划分两者的一般标准是有无利息要求。有利息要求的列为金融负债，属于金融活动，无利息要求的则列为经营负债。

2. 调整利润表

按如下方法将传统利润表调整为管理利润表（见表6-1）。其他业务利润、资产减值、投资收益的持续性不易判定，营业外收支不具持续性，没有预测价值，均不予考虑，这样有利于真正评价企业的盈利能力。

表6-1　管理利润表

项目	本年金额	上年金额
经营活动 营业收入 减：营业成本		
税前经营利润 减：税前经营利润所得税费用		
经营利润A		
经营活动： 税前利息费用 减：利息费用减少所得税		
净利息费用B		
税后净利润合计（A－B）		
其中：净利润=经营利润－净利息费用 　　　经营利润=税前经营利润×（1－所得税率） 　　　净利息费用=利息费用×（1－所得税率）		

3．改进财务分析体系的核心公式

权益净利率的高低取决于三个驱动因素：净经营资产利润率（可进一步分解为销售经营利润率和净经营资产周转率）、净利息率和净财务杠杆。改进后的计算公式如下所示。

$$股东权益净利率 = \frac{净利润}{股东权益} = \frac{经营利润-净利息}{股东权益}$$

$$= \frac{经营利润}{股东权益} - \frac{净利息}{股东权益}$$

$$= \frac{经营利润}{净经营资产} \times \frac{净经营资产}{股东权益} - \frac{净利息}{净债务} \times \frac{净债务}{股东权益}$$

$$= \frac{经营利润}{净经营资产} \times (1 + \frac{净债务}{股东权益}) - \frac{净利息}{净债务} \times \frac{净债务}{股东权益}$$

=净经营资产利润率+（净经营资产利润－净利息率）×净财务杠杆

=净经营资产利润率+经营差异率×净财务杠杆

=净经营资产利润率+杠杆贡献率

= 销售经营利润率×净经营资产周转率+杠杆贡献率

第2节　财务报表分析

财务报表分析就是以财务报表和其他资料为依据和起点，采用专门方法，系统分析和评价企业的财务状况、经营成果及现金流量状况的过程。财务分析是评价财务状况及经营业绩的重要依据，是企业实现财务成本管理目标的重要手段，也是实施正确投资决策的重要步骤。

2.1　财务报表分析的基本内容

财务报表分析的基本内容主要包括以下三个方面。

（1）分析企业的偿债能力及权益结构，估量企业对债务资金的利用程度。

（2）评价企业资产的营运能力，分析企业资产的分布情况和周转使用情况。

（3）评价企业的盈利能力，分析企业利润目标的完成情况和不同年度盈利水平的变动情况。

2.2　财务报表分析的步骤

财务报表分析的一般步骤如下所示。

（1）明确分析目的。

（2）设计分析程序。

（3）收集有关信息。

（4）将整体分为各个部分。

（5）研究各个部分的特殊本质。

（6）研究各个部分之间的联系。

（7）得出分析结论。

2.3　基本的财务比率分析

1.短期偿债能力

短期偿债能力是指企业以流动资产偿还流动负债的能力，它反映了企业偿付日常到期债务的能力。短期偿债能力受多种因素的影响，包括行业特点、经营环境、生产周期、资产结构、流动资产运用效率等。仅凭某一期的单项指标，很难对企业短期偿债能力作出客观评价。一般来说，短期偿债能力的衡量指标如图6-3所示。

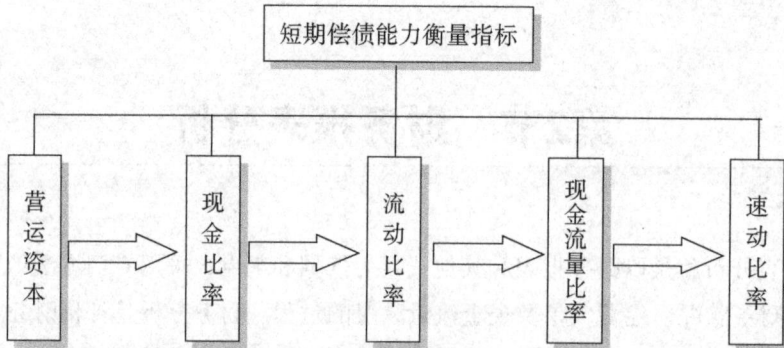

图6-3　短期偿债能力衡量指标

（1）营运资本 ＝ 流动资产－流动负债

＝（总资产－非流动资产）－（总资产－股东权益－非流动负债）

＝（股东权益＋非流动负债）－非流动资产

＝ 长期资本－长期资产

营运资本的结构如图6-4所示。

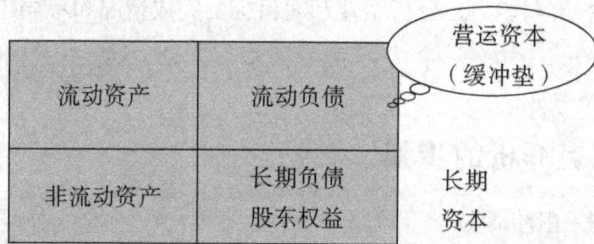

流动资产＋非流动资产 ＝ 流动负债＋长期资本

流动资产 － 流动负债 ＝ 长期资本 － 非流动资产

营运资本 ＝ 流动资产 － 流动负债 ＝ 长期资本 － 非流动资产

图6-4　营运资本的结构

（2）流动比率＝流动资产÷流动负债

＝1/（1－营运资本/流动资产）

＝1/（1–营运资本配置比率）

$$营运资本配置比率 = \frac{营运资本}{流动资产} = \frac{流动本 - 流动负债}{流动资产} = 1 - \frac{1}{流动比率}$$

（3）速动比率 ＝ 速动资产÷流动负债

速动资产包括货币资金、交易性金融资产和各种应收、预付款项等，或流动资产减去存货、待摊费用、一年内到期的非流动资产及其他流动资产等。

（4）现金比率 =（货币资金＋交易性金融资产）÷流动负债。

（5）现金流量比率=经营现金流量÷流动负债。

2．长期偿债能力

分析一个企业的长期偿债能力，主要是为了确定该企业偿还债务本金和支付债务利息的能力。可通过以下几个指标来衡量企业的长期偿债能力。

（1）资产负债率 =（负债÷资产）×100%。

（2）产权比率（股东权益负债率）= 负债总额÷股东权益。

权益乘数=总资产÷股东权益 = 1 ＋ 产权比率 = 1/（1—资产负债率）。

（3）长期资本负债率 = [非流动负债 ÷（非流动负债＋股东权益）]×100%

= 长期负债÷长期资本×100%。

（4）利息保障倍数 = 息税前利润（$EBIT$）÷利息费用（I）

=（净利润＋利息费用＋所得税费用）÷利息费用。

净利润 =（$EBIT-I$）×（$1-T$）=$EBIT$×（$1-T$）$-I$×（$1-T$）。

（5）现金流量利息保障倍数=经营现金流量÷利息费用。

（6）现金流量债务比=（经营现金流量÷债务总额）×100%。

3．资产管理比率

资产管理比率是用来衡量公司在资产管理方面的效率的财务比率，即用于衡量公司资产周转状况的指标，包括营业周期、存货周转率、应收账款周转率、流动资产周转率和总资产周转率。

（1）应收账款周转次数=销售收入÷应收账款。

周转天数=365÷次数。

（2）存货周转次数=销售收入÷存货。

周转天数=365÷次数。

（3）流动资产周转次数=销售收入÷流动资产。

（4）非流动资产周转次数=销售收入÷非流动资产。

（5）总资产周转次数=销售收入÷总资产。

要点提示

总资产周转次数的驱动因素是各项资产。因为各项资产周转次数之和不等于总资产周转次数，所以进行驱动因素分析时，通常用"资产周转天数"，不使用次数。

4．盈利能力比率

盈利能力比率是指企业正常经营赚取利润的能力，是企业生存发展的基础，是各方面都非常关注的指标。反映企业盈利能力的指标有很多，通常使用的主要有销售净利率、销售毛利率、资产净利率和净资产收益率（净值报酬率）。

（1）销售净利率

销售净利率是指净利与销售收入的百分比，其计算公式为：

$$销售净利率 =（净利 \div 销售收入）\times 100\%$$

（2）销售毛利率

销售毛利率是指毛利占销售收入的百分比，其中毛利是指销售收入与销售成本的差。其计算公式如下：

$$销售毛利率 = [（销售收入 - 销售成本）\div 销售收入] \times 100\%$$

（3）资产净利率

资产净利率是指企业净利与平均资产总额的百分比。该指标越高，表明资产的利用效率越高，说明企业在增收节支和节约资金使用等方面取得了良好的效果。资产净利率的计算公式为：

$$资产净利率 =（净利润 \div 平均资产总额）\times 100\%$$
$$平均资产总额 =（期初资产总额 + 期末资产总）\div 2$$

（4）净资产收益率

净资产收益率也叫净值报酬率或权益报酬率，是指净利润与平均净资产的百分比。净资产收益率反映了公司所有者权益的投资报酬率，具有很强的综合性。其计算公式为：

$$净资产收益率 = 净利润 \div 平均净资产 \times 100\%$$
$$平均净资产 =（年初净资产 + 年末净资产）\div 2$$

第3节　标准成本差异控制

企业管理者在将企业内部分成各个责任中心之后，需要明确各个责任中心之间以什么样的价格标准进行内部结算和责任结转。

3.1　标准成本的确定

在确定标准成本时，企业应先确定直接材料和直接人工的标准成本，再确定制造费用的标准成本（如用变动成本计算，不需要计算固定制造费用的标准成本；如采用完全成本法计算，需分别确定变动制造费用和固定制造费用的标准成本），最后确定单位产品的标准成本。企业需要确定用量标准和价格标准，并将两者相乘得出成本标准。

1．用量标准

用量标准包括单位产品材料消耗量、单位产品直接人工工时（生产技术部门制定，执行部门参加）。

2．价格标准

价格标准包括原材料单价（会计部门会同采购部门制定）、小时工资率（会计部门会同劳资部门和生产部门制定）、小时制造费用分配率（会计部门会同生产车间制定）。

3．计算方法

（1）直接材料标准成本＝单位标准用量×单位标准价格。

（2）直接人工标准成本＝单位产品工时×单位工资。

（3）变动制造费用标准成本＝单位产品直接人工标准工时×每小时变动制造费用的
标准分配率
＝单位产品直接人工标准工时×
（变动制造费用预算总数/直接人工标准总工时）。

（4）固定制造费用标准成本＝单位产品直接人工标准工时×每小时固定制造费用的
标准分配率
＝单位产品直接人工标准工时×
（固定制造费用预算总数/直接人工标准总工时）。

（5）单位产品标准成本＝直接材料标准成本＋直接人工标准成本＋变动制造费用标
准成本＋固定制造费用标准成本。

（6）标准成本＝实际产量×单位产品标准成本。

3.2 实施标准成本系统的步骤

企业财务成本控制管理进程中，标准化成本系统的实施步骤如图6-5所示。

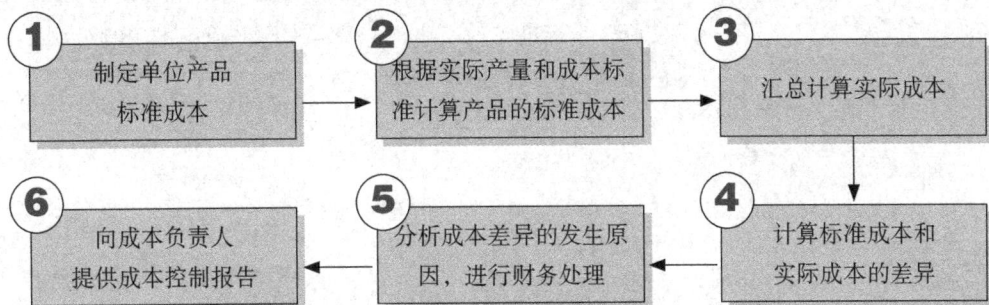

图6-5 标准成本系统的实施步骤

3.3　成本差异分类

成本差异包括直接材料成本差异、直接人工成本差异、变动制造费用成本差异和固定制造费用差异。

1．直接材料成本差异

材料数量差异 =（实际数量—标准数量）×标准价格。

材料价格差异=实际数量×（实际价格—标准价格）。

2．直接人工成本差异

人工效率差异 =（实际工时—标准工时）× 标准工资率。

工资率差异 = 实际工时×（实际工资率 — 标准工资率）。

3．变动制造费用差异

变动制造费用效率差异 =（实际工时—标准工时）×变动费用标准分配率。

变动制造费用耗费差异 = 实际工时×（变动费用实际分配率—变动费用标准分配率）。

4．固定制造费用差异

（1）耗费差异

耗费差异与变动成本不同，不因业务量而变，应以原来的预算数为标准，实际数超过预算数即视为耗费过多。

固定制造费用耗费差异=固定制造费用实际数—固定制造费用预算数

　　　　　　　　　=固定制造费用实际数—固定制造费用标准分配率×生产能量。

（2）能量差异

能量差异是指固定制造费用预算与固定制造费用标准成本的差额，是实际业务量的标准工时与生产能量的差额有标准分配率计算的金额，反映了未能充分使用生产能量而造成的损失。

固定制造费用能量差异=固定制造费用预算数—固定制造费用标准成本

　　　　　　　　　=固定制造费用标准分配率×生产能量—固定制造费用分配率

　　　　　　　　　×实际产量标准工时（生产能量—实际产量标准工时）

　　　　　　　　　×固定制造费用标准分配率。

第4节　应收账款管理

应收账款是每个企业进行生产经营活动时，商品与劳务赊销的产物，是企业以信用方式对外销售商品、提供劳务等所形成的尚未收回的被购货单位、接受劳务单位所占用的本企业的资金，属于商业信用的一种形式。

4.1　应收账款产生的原因

（1）在赊销货物前对客户的信用状况调查不够，导致应收账款不断增加。

（2）没有对应收账款的账龄进行及时分析，导致企业风险增大。

（3）催收应收账款的方法和程序不当，导致应收账款的催收费用大量增加。

4.2　信用政策的确定

企业应收账款赊销效果的好坏，依赖于事先规范的信用政策。信用政策包括信用标准、信用期、现金折扣政策等内容，具体如图6-6所示。

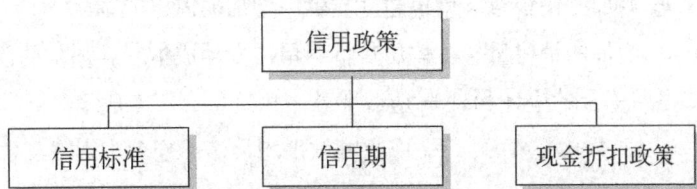

图6-6　信用政策的内容

1. 确立信用标准

确立信用标准是企业应收账款管理中首要的任务。信用标准就是赊销客户的信用等级，财务管理者可以根据"5C"系统来评定，即客户的品质、能力、资本、抵押和条件，具体如图6-7所示。

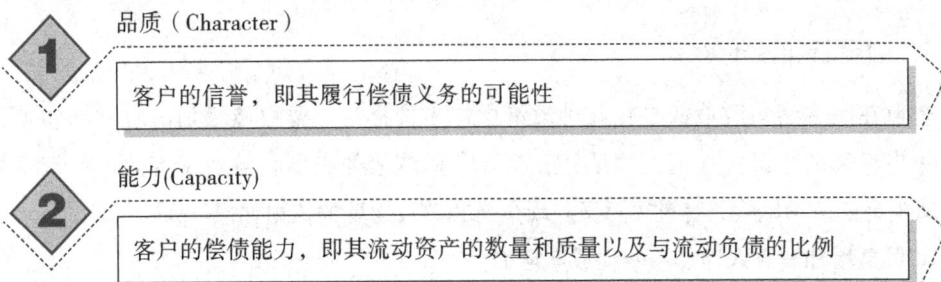

1 品质（Character）

客户的信誉，即其履行偿债义务的可能性

2 能力(Capacity)

客户的偿债能力，即其流动资产的数量和质量以及与流动负债的比例

3 资本（Capital）

客户的财务实力和财力状况，表明顾客可能偿还债务的背景

4 抵押（Collateral）

客户拒付款项或无力支付款项时能被用作抵押的资产

5 条件（Conditions）

可能影响客户付款能力的经济环境

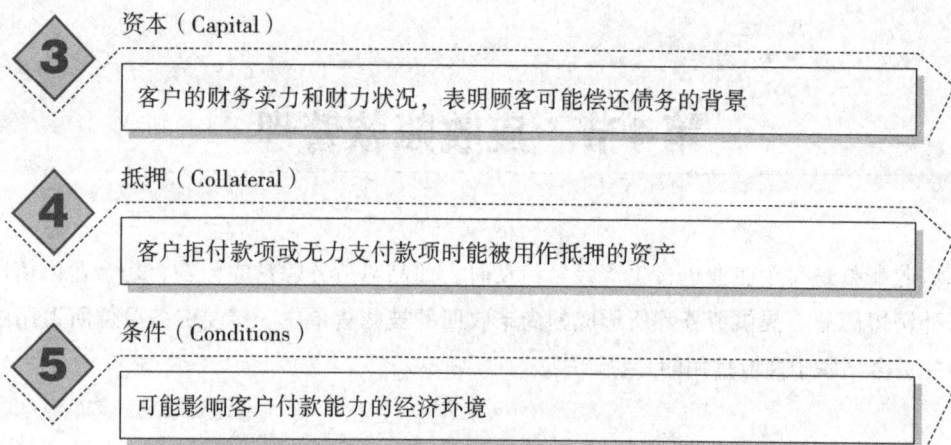

图6-7 信用标准5C系统

2．信用期

信用期是指企业允许顾客从购货到付款之间的时间，或者说是企业给予顾客的付款期。信用期是企业用来增加产品需求量的手段；同样需要在增加销售的获利水平与增加应收账款投资成本之间进行权衡。信用期的设置可以参考以下公式。

增加收益—增加成本＞0

A.收益增加 = 增加的销售收入—增加的变动成本—增加的固定成本

= 增加的销售量×单位边际贡献—增加的固定成本

= 增加的销售量×（单位售价—单位变动成本）—增加的固定成本。

B.应收账款占用资金的应计利息 = 应收账款占用资金×资本成本

= 应收账款平均余额×变动成本率×资本成本

= 日销售额×平均收现期×变动成本率×资本成本。

应收账款占用资金的应计利息增加 = 新利息—旧利息。

C.收账费用增加。

D.坏账损失增加。

E.存货占用资金的应计利息增加＝平均存货增量×单位变动成本×资本成本。

F.应付账款占用资金利息的增加（为负数）。

如 $A > (B+C+D+E+F)$，可以放宽信用期。

3．现金折扣政策

企业在改变销售政策或是在几种政策中作出选择时，要权衡增加的收益和相关的成本，作出正确的决策。如何准确地计算企业赊销政策的成本收益对于有效地执行折扣政策、减少企业信用风险具有重要意义。现金折扣政策设置的依据如以下所示。

A.收益增加＝收入增加—变动成本增加。

B. 成本费用增加＝应收款利息增加＋存货利息增加＋应付款利息减少＋现金折扣增加＋收账费用增加＋坏账费用增加。

$A-B>0$，可行。

4.3 应收账款的管理步骤

企业确定了信用标准、信用条件和现金折扣政策等信用政策后，下一步应具体应用有效的信用政策。企业应针对客户是否应提供现金折扣，如何规定信用期限、信用额度，需要抵押或担保等等分别采取不同的管理措施。企业应收账款管理的实施步骤如图6-8所示。

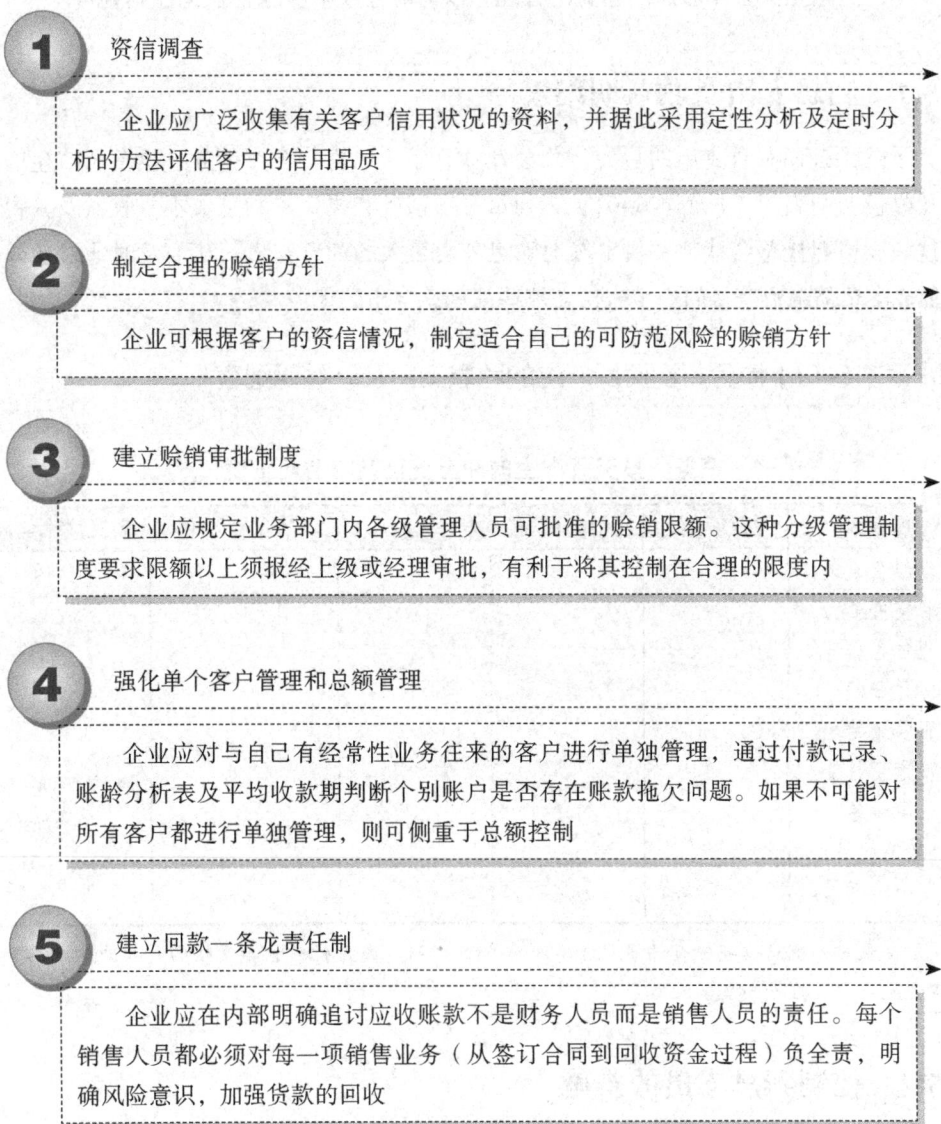

1 资信调查

企业应广泛收集有关客户信用状况的资料，并据此采用定性分析及定时分析的方法评估客户的信用品质

2 制定合理的赊销方针

企业可根据客户的资信情况，制定适合自己的可防范风险的赊销方针

3 建立赊销审批制度

企业应规定业务部门内各级管理人员可批准的赊销限额。这种分级管理制度要求限额以上须报经上级或经理审批，有利于将其控制在合理的限度内

4 强化单个客户管理和总额管理

企业应对与自己有经常性业务往来的客户进行单独管理，通过付款记录、账龄分析表及平均收款期判断个别账户是否存在账款拖欠问题。如果不可能对所有客户都进行单独管理，则可侧重于总额控制

5 建立回款一条龙责任制

企业应在内部明确追讨应收账款不是财务人员而是销售人员的责任。每个销售人员都必须对每一项销售业务（从签订合同到回收资金过程）负全责，明确风险意识，加强货款的回收

图6-8 企业应收账款管理实施步骤

第5节　加强利息支出控制

开源节流是企业精益化管理共同追求的目标。当外部经济环境发生变化时，企业更倾向于通过节流，即通过费用控制的方式来达到降低成本、提升利润的目的。从企业的销售费用、管理费用和财务费用所占营业收入的比重来看，财务费用占三项费用的比重较小。虽然如此，但企业仍必须加强利息支出管理，以对财务成本实施精益化控制管理。

5.1　利息支出及收益明细表

为了达到控制利息支出的目的，总会计师有必要建立一个"债务、投资所产生的利息支出及收益明细表"（见范本6-01），列示每项债务和投资的利息成本、收益及其税后利率。这一表格能让总会计师一目了然地确定公司最大的利息支出，从而及时通过额外的投资或低成本负债融资获得的资金来偿还那些高利息支出的债务。

【范本6-01】债务、投资所产生的利息支出及收益明细表

债务、投资所产生的利息支出及收益明细表

摘要	总额度	利率（%）	税率（%）	税后利率（%）	利息成本或收益
短期银行借款					
长期借款					
应付票据					
应付账款					
预收账款					
货币市场基金					
公司债券					
可转换债券					
……					

使用本表时，重点需要检查的是"税后利率"这一列。因为税后利率反映的是扣减税收后，债务的真实利益支出或投资的真实收益。

5.2　控制利息支出的措施

1. 加强资金的计划管理与调度，尽量减少高成本负债

（1）总会计师应根据本公司生产经营的需要，做好资金需求计划，并使用合理的融资

渠道及方式，监控做好本公司的投资和资金的使用。

（2）根据公司的资金情况，合理选择投资项目、投资领域，同时注意做好投资的可行性研究分析工作，避免盲目投资导致公司资金和利益受损。

（3）通过产销平衡、加大促销力度等管理手段降低公司库存，提高存货周转率，减少大量库存占用的现金，缩减资金需求，尽可能减少负债。

2．尽可能利用低成本的资金

对于"债务、投资所产生的利息支出及收益明细表"显示的高成本债务，公司应选择低成本资金（如低利息负债、低回报率的投资等）进行偿还。具体措施包括但不限于以下四个方面。

（1）与金融机构协商，争取获得低利息负债，如短期信用借款、票据贴现等。

（2）与供应商协商，争取较长信用期限的应付账款，从而用这笔应付账款支付高成本债务。在应用这项措施时，总会计师需要衡量放弃供应商给予的现金折扣的成本与拟偿付债务的利息支出的高与低。

（3）加强应收账款的回收工作。

① 设置信用部门，做好应收账款客户资信评估和动态评价工作，加强应收账款的管理，强化应收账款的回收制度，从而有利于减少不合理的资金占用，有效缓解资金紧张的局面，保证资金的正常周转。

② 与公司产品的购买方协商，争取用最低成本的现金折扣提前收回货款，从而用这笔应收账款支付高成本债务。

（4）活用票据贴现、公司债券等各种融资方式，获取使用成本相对比较低的资金，以支付高成本债务，从而在总体上减少利息支出。

第6节　企业筹资成本控制

企业进行筹资的基本目的是为了自身生产与资本经营的维持和发展，但是就其每一项具体的筹资活动而言，通常要受特定动机的驱使。无论企业的筹资活动受何种动机驱使，企业管理者都必须认真分析和评价影响筹资的各种因素，力求使自己所进行的筹资活动在资本成本最低的条件下达到最高的效率和最好的经济效益。

企业财务人员在开展融资活动之前，必须对未来的投资收益作一个较为可靠的预测，只有当投资收益远大于资金成本的前提下，才可以确定所进行的筹资活动是合理的、有意义的。

6.1 筹资的渠道和方式

筹资是企业向外部有关单位或企业内部筹措和集中生产所需资金的财务活动。筹资渠道是指筹措资金的方向与通道。

1．企业筹资的渠道

企业筹资的渠道有以下几种。

（1）国家财政资金。

（2）银行信贷资金。

（3）非银行金融结构资金。

（4）其他企业资金。

（5）社会团体事业单位资金。

（6）居民个人资金。

（7）企业自留资金。

（8）外商资金。

2．企业筹资的方式

筹资方式是指企业取得资金的具体形式。企业筹资的方式有以下几种。

（1）吸收直接投资。

（2）发行股票。

（3）利用留存收益。

（4）向银行借款。

（5）利用商业信用。

（6）发行公司债券。

（7）融资租赁。

3．企业常用筹资方式的特点

（1）向银行借款

银行借款是指企业向银行、非银行金融机构和其他企业借入的、需要还本付息的款项，它是企业负债的主要来源之一。银行借款的主要成本是利息支出，借款手续费可忽略不计。其计算公式为：

$$资金成本率＝借款利率×（1-所得税率）$$

即：$Kl=Rl（1-T）$

说明：当企业没有利润时，得不到减税的好处，资金成本率等于借款利率；若借款手续费较大时，计算公式为：

$$资金成本率 = \frac{借款年利息（1-所得税率）}{借款总额（1-借款筹资费率）}$$

企业向银行借款的优点和缺点如表6-2所示。

表6-2 企业向银行借款的优点和缺点

优点	缺点
（1）筹资速度快 （2）筹资成本低 （3）借款弹性好 （4）不必公开企业经营情况 （5）具有杠杆效应	（1）财务风险较大 （2）限制条款较多 （3）筹资数额有限

（2）发行公司债券

债券是企业发行的有价证券，发行债券的企业以债权为书面承诺，答应在未来的特定日期，偿还本金并按照事先规定的利率付给利息，是企业主要的筹资方式之一。只有批准实行股份制的企业才能通过发行股票进行筹资，而债券这种筹资方式是任何有收益的企业都能采用的。债券资金的成本既包括利息支出，又包括债券发行费用，其计算公式为：

$$资金成本率 = \frac{债券总面值 \times 年利率 \times （1-所得税率）}{债券筹资总额（1-筹资费率）}$$

说明：债券总面值按债券面值计算；债券筹资总额按发行价计算。

企业发行公司债券的优点和缺点如表6-3所示。

表6-3 公司发行债券的优点和缺点

优点	缺点
（1）资金成本低 （2）能够保证控制权 （3）可以发挥财政杠杆作用 （4）具有优化资本结构、提高公司治理的作用	（1）筹资风险高 （2）限制条件多 （3）筹资数额有限

（3）融资租赁

融资租赁又称为财务租赁，是区别于经营租赁的一种长期租赁形式，它能够满足企业对资产的长期需要，故也称为资本租赁。现在融资租赁已成为仅次于银行信贷的第二大融资方式。

在融资租赁各期的租金中，融资租赁资本成本是指本金每期的偿还和各期手续费用（即租赁公司的各期利润），其资本成本率只能按贴现模式计算。融资租赁的优点和缺点如表6-4所示。

表6-4　融资租赁的优点和缺点

优点	缺点
（1）融资租赁筹资速度快，灵活 （2）融资租赁限制条款少，设备淘汰的风险小 （3）筹资风险小，可适当减少不能偿付的风险 （4）可在税前扣除，具有抵免所得税的效用	（1）资金成本较高 （2）存在利率变动的风险 （3）租赁契约的一般规定会使企业的发展受到限制

（4）发行股票

股份公司的资本金称为股本，是通过发行股票方式筹集的。股票是指股份有限公司发行的，用于证明投资者的股东身份和权益，并据以获得股利的一种可转让的书面证明。普通股投资报酬通常不固定。发行股票的资金使用成本是股东所要求的最低投资报酬。发行股票的优点和缺点如表6-5所示。

表6-5　发行股票的优点和缺点

优点	缺点
（1）筹资数量大 （2）有助于增强企业的借债能力 （3）筹资风险小，不像债券需考虑本金的偿付。除非企业进行破产清算，才可以按有关规定偿还	（1）资金成本高。发行股票要支付一些评估、宣传、发行等费用；而且普通股的股利是在税后支付的，没有抵减所得税的好处 （2）普通股筹资虽然风险较小，但同时不能享受到财务杠杆给企业带来的利益 （3）发行普通股会损害原股东的利益；削弱原股东的控制权；降低了普通股的每股收益

股票资金成本率计算公式为：

$$资金成本率 = \frac{第一年股利额}{普通股筹资额 \times (1-筹资费率)} + 股利增长率$$

（5）吸收直接投资

吸收直接投资是指企业按照"共同投资、共同经营、共担风险、共享利润"的原则来吸收国家、法人、个人、外商投入资金的一种筹资方式。投资者的出资方式主要有：现金投资、实物投资、工业产权投资、土地使用权投资等。吸收直接投资的优点和缺点如表6-6所示。

表6-6　吸收直接投资的优点和缺点

优点	缺点
（1）有利于增强企业信誉 （2）有利于尽快形成生产能力 （3）有利于降低财务风险	（1）资本成本较高 （2）容易分散控制权

6.2　筹资成本控制管理

不同筹资方式的筹资成本大小不同，企业在选择筹资方式时，首先要比较各种筹资成本的高低，即比较各种资金来源的资金成本大小。不同的筹资方式的资金成本存在较大差异，加之不同筹资方式的税负轻重程度也不尽相同，因此资金成本的高低对企业的筹资方式起着决定性作用，是选择筹资方式、进行资金结构决策的依据。

1．筹资方式的选择

筹资方式的选择是每位企业管理者比较头疼的问题。通过分析各种因素，每个企业只能根据自身的条件来选择筹资策略。

（1）综合资金成本和风险结合

在进行筹资决策时，企业管理者应在控制筹资风险与谋求最大投资收益之间寻求一种平衡，即公司对不同的筹资方式进行组合，得出多种筹资方案，并针对不同的筹资方案分别计算出加权平均成本，然后选择加权平均成本最低的几种方案。

（2）考虑资本市场状况和公司的经营状况

市场趋淡时，上市公司不妨多发行利率合适的公司债券或可转换债券。另外，在选择筹资方式时，除了要考虑加权平均资本成本以外，还应更加多地考虑公司的经营状况，例如是否有充足的现金支付每年的利息。

2．筹资成本的控制要点

（1）个别资金成本是比较各种筹资方式的基础，在其他条件相同时应选择成本最低的筹资方式。

（2）加权平均资金成本是衡量资金结构是否合理的依据。衡量资金结构是否最佳的标准主要是资金成本最小化。

（3）边际资金成本是选择追加筹资方案的依据。

3. 筹资的风险控制

企业筹资风险又称财务风险，是指企业因借入资金而产生的丧失偿债能力的可能性和企业利润（股东收益）的可变性。因负债方式、期限及资金使用方式等的不同，企业面临的偿债压力也有所不同。对于筹资的风险，企业应从以下几个方面进行控制管理。

（1）筹措合法

企业的筹资行为和筹资活动必须遵循国家的相关法律法规，依法履行法律法规和投资合同约定的责任，合法合规筹资，依法披露信息，维护各方的合法权益。

（2）规模适当

企业要根据生产经营及其发展的需要，合理预测资金的需要量。筹资规模与资金需要量应当匹配一致。

（3）取得及时

企业要根据资金需求的具体情况筹集资金，合理安排资金的筹集到位时间，使筹资与用资在时间上相衔接。

（4）来源经济

企业应当在考虑筹资难易程度的基础上，针对不同来源的资金的成本，认真选择筹资渠道，并选择经济、可行的筹资方式，力求降低筹资成本。

（5）结构合理

企业筹资时要综合考虑股权资金与债务资金的关系、长期资金与短期资金的关系、内部筹资与外部筹资的关系，合理安排资本结构，保持适当的偿债能力，防范企业发生财务危机。

学 习 笔 记

通过学习本章内容，想必您已经掌握了不少学习心得，请仔细填写下来，以便巩固学习成果。如果您在学习中遇到了一些难点，也请如实写下来，以备今后重复学习，彻底解决这些学习难点。

同时本章给出了大量图表范例，与具体的理论内容互为参照和补充，方便您边学边用，请读者如实填写您的运用计划，以使工作与学习相结合。

我的学习心得：

1. _____
2. _____
3. _____

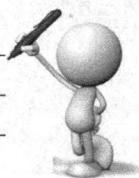

我的学习难点：

1. _____
2. _____
3. _____

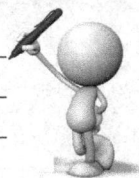

我的运用计划：

1. _____
2. _____
3. _____

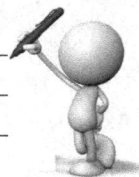

第 **7** 章

研发成本控制

一个产品的生命周期包含了产品成长期、成熟期和衰退期三个阶段。这三个阶段的成本控制管理重点分别为设计成本、生产成本和销售服务成本。很多企业在成本控制方面往往只关注对生产成本、销售服务成本等的控制。如果企业能将研发过程的成本控制作为整个成本控制的起点，就会对企业成本控制起到事半功倍的效果。

第1节　研发预算管理

项目预算的编制应当根据项目任务的合理需要，内容要紧紧围绕项目的总体目标，不能安排和项目目标不相关或关系不紧的支出内容；要严格控制设备的品种、价格、台件，出差人次，会议规模与次数，样本采集数量，原材料的种类、价格与数量，返聘人员数量与报酬等。

1.1　研发预算编制的内容

1．设备费

项目研究的专用设备，须列明设备的用途，表明设备名称、规格、型号、国别、单价、台件等。设备费一般占项目经费的10%~15%，最高不得超过20%。

2．材料费

材料费主要包括主要材料的品种、规格、数量、单价、逐项计算；主要材料品种各自的作用，数量必要性的说明；辅助材料数量、价格的计算。材料费一般占项目经费的

30%~40%。

3. 测试化验加工费

测试化验加工费包括测试、化验、加工的具体名目、作用、次数、单价、计算；数据的录入、统计、归集、整理的费用；占项目经费的20%~30%。

4. 燃料动力费

支付给外单位和合作单位的水、电、气、暖费用；本单位设备、实验室有单独的水电气暖的计量消耗和本单位内部单独经济核算的可以支付；燃料动力的消耗要有单价、吨位、度等数量的计算；经费掌握在项目经费的5%以内。

5. 差旅费

支付的范围仅限于研究人员外出调研、考察、业务洽谈、参加会议等的机票、车船票、住宿费、伙食补助费和公杂费；占项目经费的10%以内。

6. 会议费

用于项目研制过程中召开的咨询、论证、结题等会议所支付的餐费、资料费、会议室租用费等费用，特邀专家的机票、火车票、住宿费等也可列入会议费支付；严格控制会议的次数、天数和参会人数，一般项目在执行期内不得多于五次会议，每次会议不超过两天，人数也要严格控制；经费控制在项目经费的5%左右。

7. 出版/文献/信息传播/知识产权事务费

费用取费标准按科技市场公允价计算；占项目的5%左右。

8. 劳务费

发放范围严格控制在参加研究的在职研究生和临时聘用人员，不能变相地发放给本单位在职研究员；占项目经费的3%左右。

9. 专家咨询费

严格按会议形式和通信形式的不同规定发放专家咨询费；严格控制专家咨询的会议次数和参会人次；占项目经费的3%左右。

10. 管理费

按项目总经费预算数实行分段超额累进比例法核定；100万元以下的部分核定比例为8%；100万元至500万元的部分核定比例为5%；500万元至1 000万元的部分核定比例为2%；1 000万元以上的部分核定比例为1%。

1.2　预算编制中应注意的要求

（1）认真、详细地编写预算说明，要同项目研究内容和要实现的目标紧密相扣，不要怕篇幅长。

（2）凡国家财政部有明确规定的，一定要依据标准认真测算，不要自定标准或超标准计算。

（3）按市场价格计算的要依据市场公允价，不可高估冒算。

（4）购置的主要设备和主要材料时，要在预算后面附两个以上的报价单。

（5）预算说明不能太简单、笼统，不能用"大约"等模棱两可的词。

（6）预算各支出科目要做到依据充分，取费标准要合理，计算数据要准确。

1.3　预算的确定方法

预算的确定方法有营收比率法、销售单位法、成长趋势法、获利比率法、目标获利法、投资报酬法和竞争比较法。它们各自的计算公式及优、缺点如图7-1、图7-2、图7-3、图7-4、图7-5、图7-6和图7-7所示。

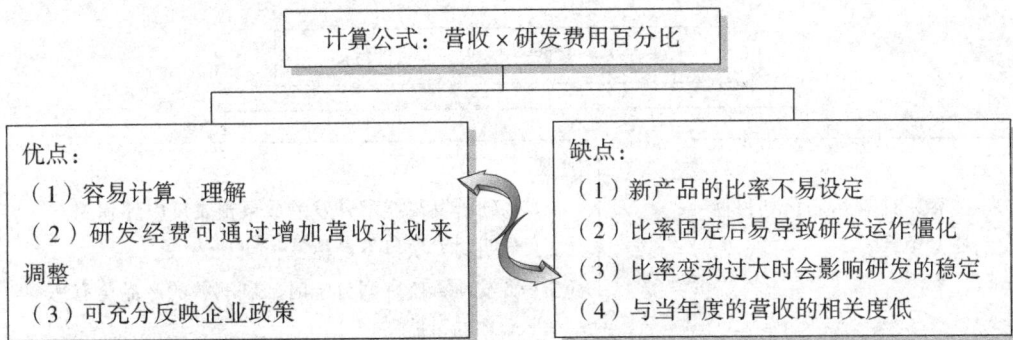

图7-1　营收比率法

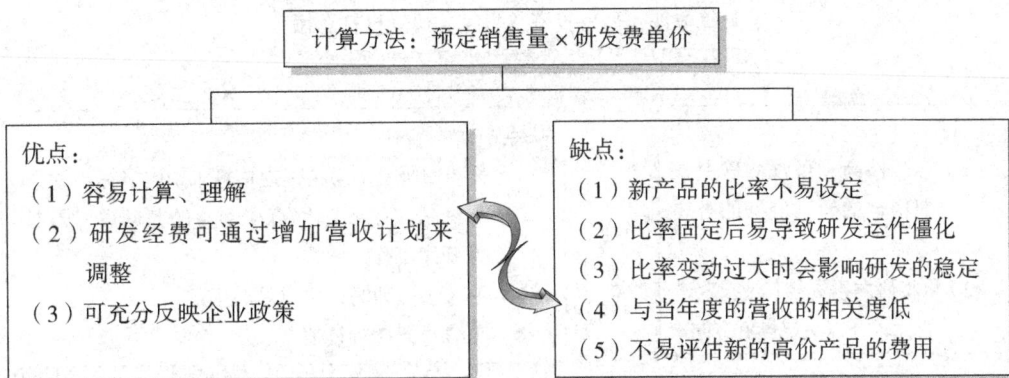

图7-2　销售单位法

计算方法：营收长期目标×研发经费比

优点：

　　易于制订长期的研发计划

缺点：

　　成长率高时会出现过度膨涨的现象

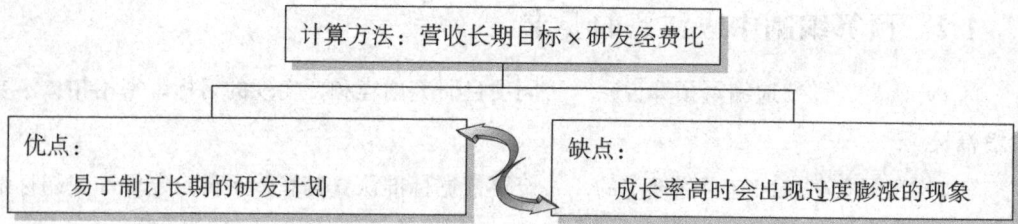

图7-3　成长趋势法

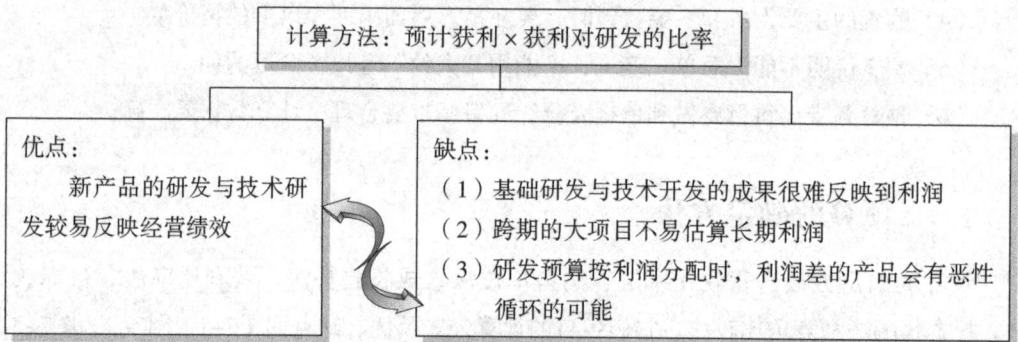

计算方法：预计获利×获利对研发的比率

优点：

　　新产品的研发与技术研发较易反映经营绩效

缺点：

（1）基础研发与技术开发的成果很难反映到利润

（2）跨期的大项目不易估算长期利润

（3）研发预算按利润分配时，利润差的产品会有恶性循环的可能

图7-4　获利比率法

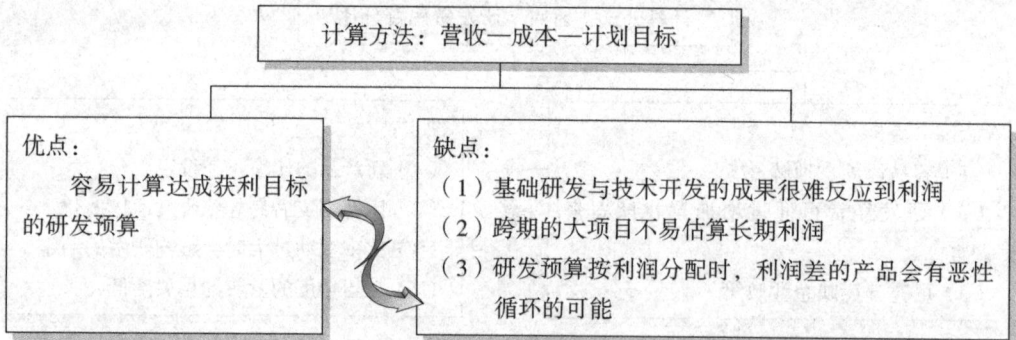

计算方法：营收—成本—计划目标

优点：

　　容易计算达成获利目标的研发预算

缺点：

（1）基础研发与技术开发的成果很难反应到利润

（2）跨期的大项目不易估算长期利润

（3）研发预算按利润分配时，利润差的产品会有恶性循环的可能

图7-5　目标获利法

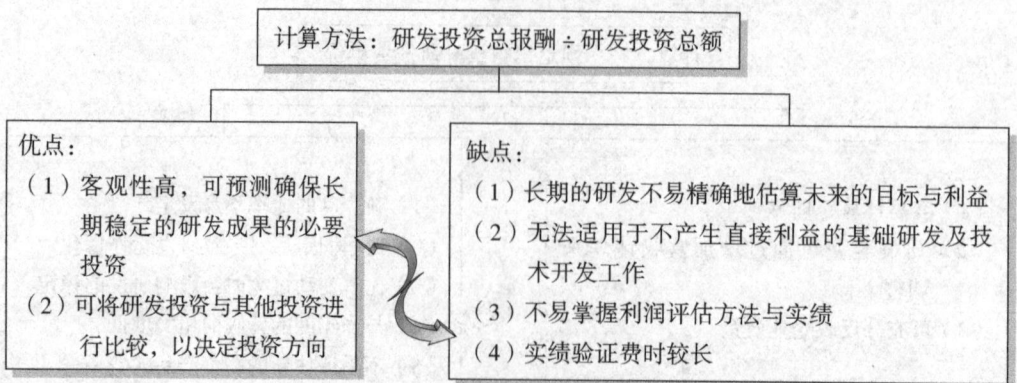

计算方法：研发投资总报酬÷研发投资总额

优点：

（1）客观性高，可预测确保长期稳定的研发成果的必要投资

（2）可将研发投资与其他投资进行比较，以决定投资方向

缺点：

（1）长期的研发不易精确地估算未来的目标与利益

（2）无法适用于不产生直接利益的基础研发及技术开发工作

（3）不易掌握利润评估方法与实绩

（4）实绩验证费时较长

图7-6　投资报酬法

计算方法：采用行业平均水平或主要竞争企业的实际绩效值（必须比较营收、投资额及每位研发人员的比率）

优点：
（1）充分考虑企业标竿，研发架构完整
（2）对非领先企业而言，可作为参考标准

缺点：
（1）容易忽略公司的独特性（新技术且无竞争的开发方案容易被忽视）
（2）不适用技术领先的企业

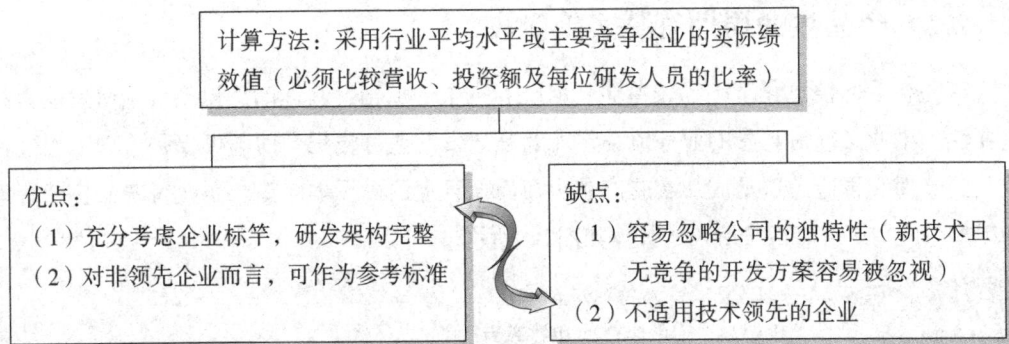

图7-7　竞争比较法

第2节　产品生命周期管理

产品生命周期管理是指对产品从创建到使用，到最终报废等全生命周期的产品数据信息进行管理的理念。产品的生命周期包括培育期、成长期、成熟期、衰退期和结束期五个阶段。产品生命周期管理主要是通过培育期的研发成本最小化和成长期至结束期的企业利润最大化来达到降低成本和增加利润的精益化管理目标。

2.1　产品设计开发步骤

从企业的角度来看，研发活动会集中在前面几个周期，大致上可以划分为产品概念的产生、产品市场性调查、产品设计与开发以及产品宣布上市这四个阶段。对于部分产业而言，例如工具机业，产品的设计与开发阶段可能同时包含了材料的采购、产品制造等作业活动。这四个阶段又包含了以下作业步骤，具体如图7-8所示。

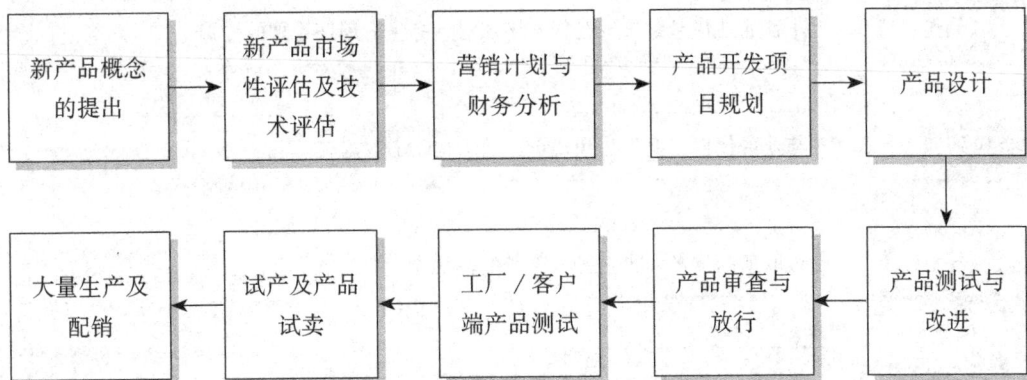

新产品概念的提出 → 新产品市场性评估及技术评估 → 营销计划与财务分析 → 产品开发项目规划 → 产品设计 ↓
大量生产及配销 ← 试产及产品试卖 ← 工厂/客户端产品测试 ← 产品审查与放行 ← 产品测试与改进

图7-8　产品设计开发步骤

2.2 产品生命周期管理实施阶段

有些企业的信息化基础比较薄弱，但随着竞争的加剧，其逐渐意识到自主研发能力的重要性。企业必须对自身的业务流程，尤其是研发的业务流程，而不仅仅是管理流程进行认真的梳理和再造，这是成功实施产品生命周期管理的最根本前提。企业对产品生命管理的需求与应用一般有四个阶段，具体如图7-9所示。

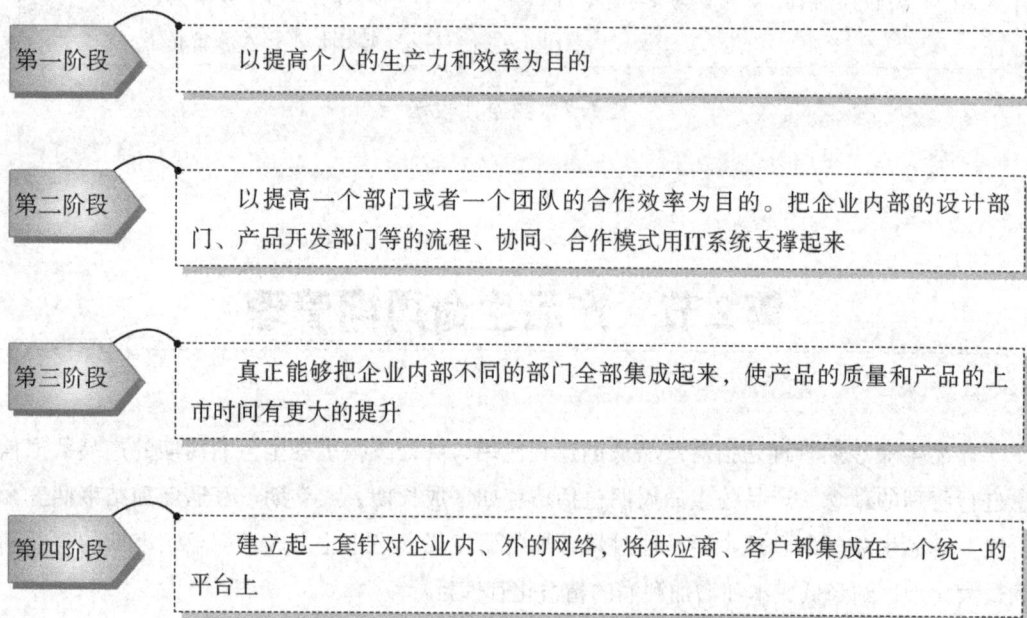

第一阶段	以提高个人的生产力和效率为目的
第二阶段	以提高一个部门或者一个团队的合作效率为目的。把企业内部的设计部门、产品开发部门等的流程、协同、合作模式用IT系统支撑起来
第三阶段	真正能够把企业内部不同的部门全部集成起来，使产品的质量和产品的上市时间有更大的提升
第四阶段	建立起一套针对企业内、外的网络，将供应商、客户都集成在一个统一的平台上

图7-9　产品生命管理的四个阶段

2.3 产品生命周期管理的需求

企业组织和实施产品生命周期管理战略的总体框架是围绕着几个主要的需求来构造的，具体如图7-10所示。

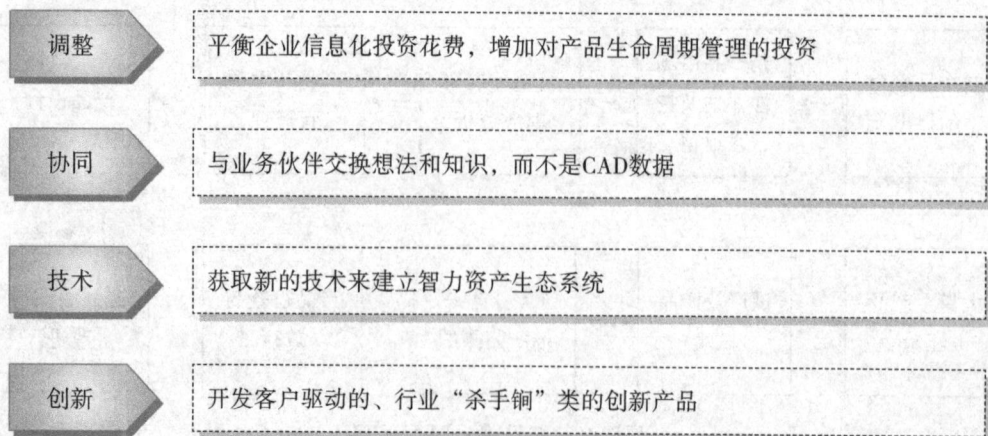

调整	平衡企业信息化投资花费，增加对产品生命周期管理的投资
协同	与业务伙伴交换想法和知识，而不是CAD数据
技术	获取新的技术来建立智力资产生态系统
创新	开发客户驱动的、行业"杀手锏"类的创新产品

| 机会 | 致力于跨学科的集成，追求产品的新的生命周期机会 |

| 智力资产 | 把产品知识作为战略财富加以对待和充分利用 |

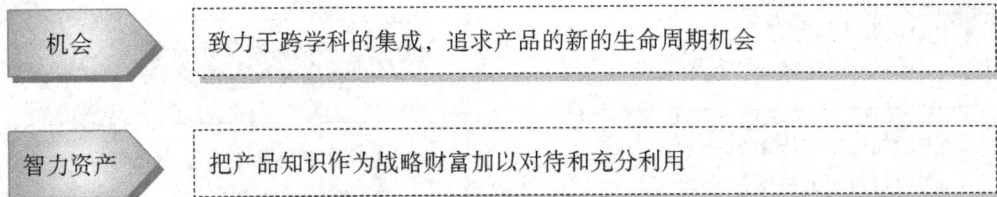

图7-10 产品生命周期管理的需求

2.4 产品生命周期管理系统的组成

产品生命周期管理系统的组成大致分为以下几个应用部分，具体如图7-11所示。

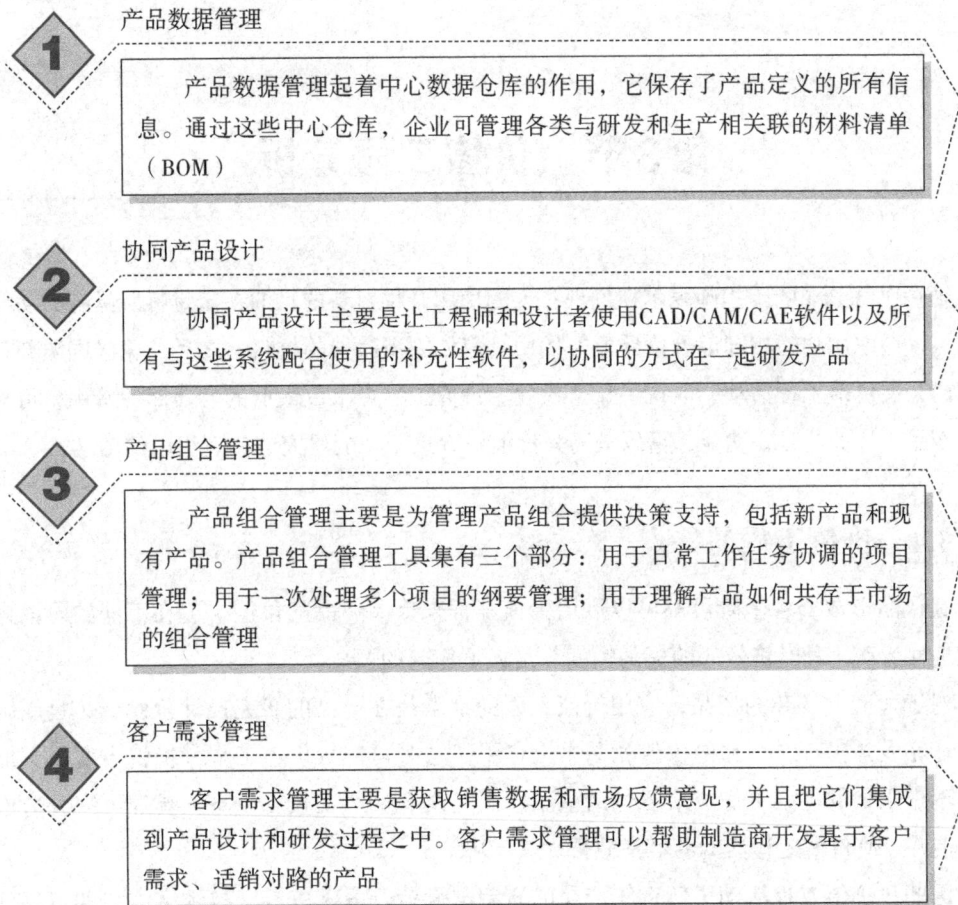

1 产品数据管理

产品数据管理起着中心数据仓库的作用，它保存了产品定义的所有信息。通过这些中心仓库，企业可管理各类与研发和生产相关联的材料清单（BOM）

2 协同产品设计

协同产品设计主要是让工程师和设计者使用CAD/CAM/CAE软件以及所有与这些系统配合使用的补充性软件，以协同的方式在一起研发产品

3 产品组合管理

产品组合管理主要是为管理产品组合提供决策支持，包括新产品和现有产品。产品组合管理工具集有三个部分：用于日常工作任务协调的项目管理；用于一次处理多个项目的纲要管理；用于理解产品如何共存于市场的组合管理

4 客户需求管理

客户需求管理主要是获取销售数据和市场反馈意见，并且把它们集成到产品设计和研发过程之中。客户需求管理可以帮助制造商开发基于客户需求、适销对路的产品

图7-11 产品生命周期管理的组成

2.5 产品生命周期管理的范围

对于产品生命周期管理的范围，可以从业务的角度和从运营的角度两个方面来看，具体如图7-12所示。

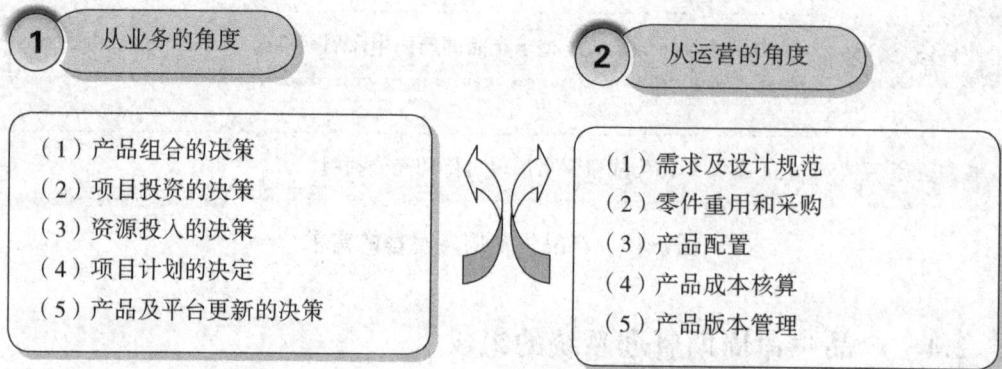

图7-12　产品生命周期管理的范围

第3节　价值工程分析

通用电气公司的工程师麦尔斯发现：人们使用某种材料的目的在于材料所具有的功能。因此可以考虑用功能相同但价格低廉的代用品取代原来昂贵的材料。之后，美国国防部和政府部门开展价值工程活动，取得了显著成效。价值工程力求以最低的寿命周期费用，可靠地实现产品或作业的必要功能，籍以提高其价值，着重于功能研究的、有组织的活动。

3.1　价值工程的特点

在产品形成的各个阶段都可以运用价值工程来提高产品的价值。但在不同的阶段进行价值工程活动，其经济效果的提高幅度却是大不相同的。

对于大型、复杂的产品，应用价值工程的重点是在产品的研究设计阶段。一旦图纸已经设计完成并投产，产品的价值就基本决定了，这时再进行价值工程分析就会变得更加复杂，不仅原来的许多工作成果要付诸东流，而且改变生产工艺、设备工具等可能会造成很大的浪费，使价值工程活动的经济效果大大下降。

因此，价值工程活动更侧重于产品的研制与设计阶段，以寻求技术突破，取得最佳的综合效果。价值工程具有如下几个特点。

（1）从产品的功能和成本的关系上考虑问题。

（2）从价值工程对于产品成本的控制范围来说，它考虑的是产品寿命周期成本。

（3）从价值工程对产品成本的节约深度来看，它能够使产品成本得到最大幅度的降低。

（4）从对产品分析的时间看，价值工程是在事先进行的。

3.2 价值工程的工作步骤

价值工程是在产品设计过程中,从产品的功能出发重新审核设计图纸,对产品作设计改进,把与用户需求的功能无关的零部件消除掉,更改具有过剩功能的材质和零部件,设计出价值更高的产品,大幅度地降低成本。企业实施价值工程时一般有如图7-13所示的几个步骤。

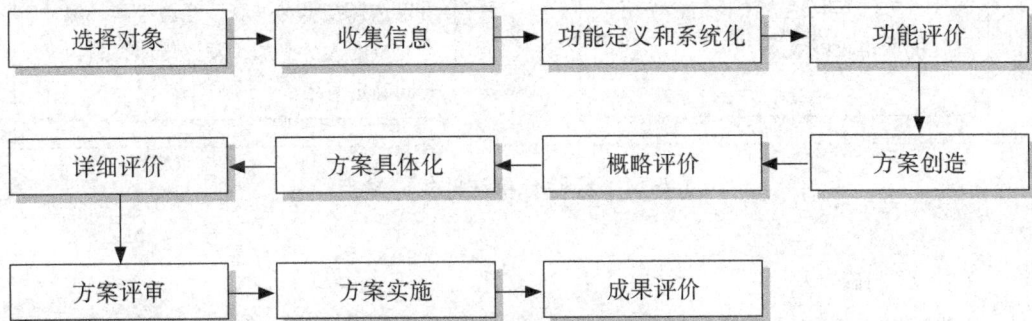

选择对象 → 收集信息 → 功能定义和系统化 → 功能评价

详细评价 ← 方案具体化 ← 概略评价 ← 方案创造

方案评审 → 方案实施 → 成果评价

图7-13　价值工程的工作步骤

3.3 价值工程对象

1. 价值工程活动对象的特征

价值工程的对象选择过程就是收缩研究范围的过程,明确分析研究的目标即主攻方向。选择价值工程活动对象时,应优先考虑具有以下特征的产品。

(1)产量大、在企业中占有主要地位的产品和部件。

(2)市场竞争激烈、技术经济指标较差的产品。

(3)结构复杂、设计落后、工艺落后的产品。

(4)质量低劣、成本过高的产品。

(5)体积大、重量大、用料多的部件。

(6)用料贵重、耗用稀缺资源多的部件。

2. 选择价值工程活动对象的方法

选择价值工程对象的方法有很多种,不同方法适宜于不同的价值对象,因此企业应根据条件选用适当方法,以取得较好效果。这里介绍几种较重要的方法。

(1)经验分析法

经验分析法是指根据价值工程对象选择应考虑的各种因素,凭借人员经验集体研究确定选择对象的一种方法,其优、缺点如图7-14所示。

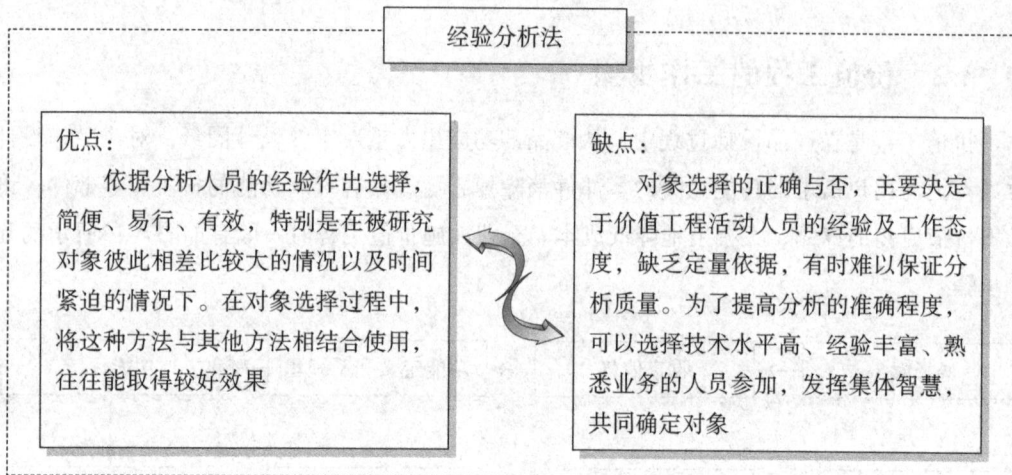

图7-14　经验分析法的优、缺点

（2）强制确定法

强制确定法是指抓住每一事物的评价特性，然后把这些因素组合起来进行强制评价的一种方法。这种方法在功能评价和方案评价中也有应用，其优、缺点如图7-15所示。

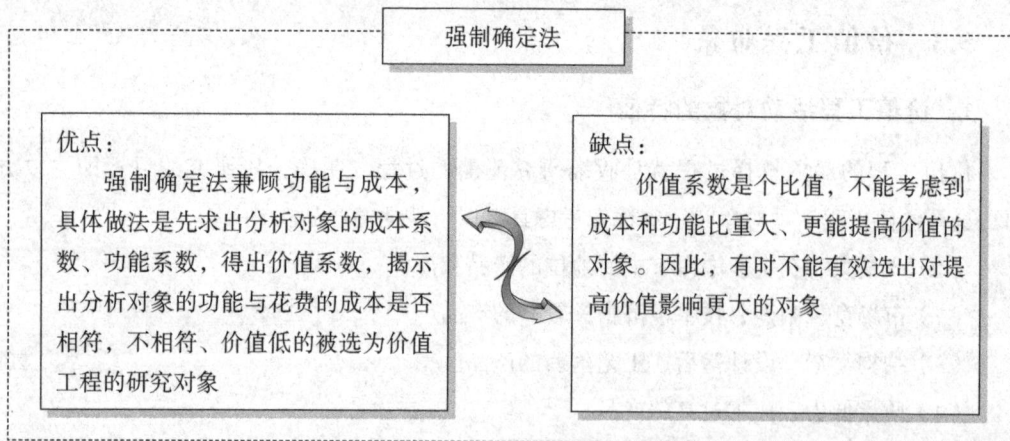

图7-15　强制确定法的优、缺点

（3）A、B、C分析法

A、B、C分析法的基本原理为"关键的少数和次要的多数"，抓住关键的少数可以解决问题的大部分。在价值工程中，把占成本的70%～80%而占零部件总数10%～20%的零部件划分为A类部件；把占总成本的10%～20%而占总零部件总数的70%～80%划分为C类部件，其余为B类部件。其中，A类部件是价值工程的主要研究对象。这种分析方法也可从产品成本利润率、利润比重角度分析，其中利润额占总利润比重最低，而且成本利润率也最低的，应当考虑作为价值工程的研究对象。A、B、C分析法的优、缺点如图7-16所示。

A、B、C分析法

优点：

　　将成本比重大的零部件或工序作为研究对象，有利于集中精力重点突破，取得较大效果，同时简便易行，所以被企业广泛采用

缺点：

　　在实际工作中，有时由于成本分配不合理，可能造成成本比重不大但用户认为功能重要的对象漏选或排序推后，而这种情况应列为价值工程研究对象的重点

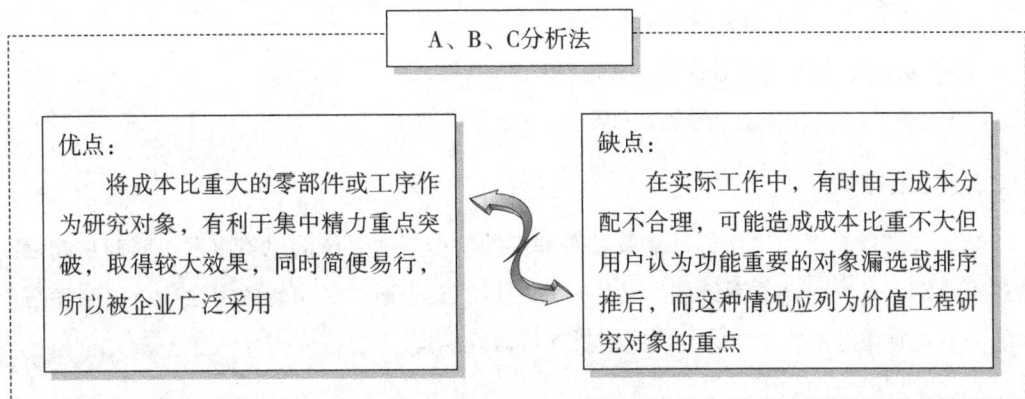

图7-16　A、B、C分析法优缺点

（4）功能重要性分析法

　　功能重要性分析法是指采用分析评分法将产品的零部件、工序等进行功能评价，给出其功能重要性系统，按重要性系数大小进行排序，优先选择功能重要的作为价值工程的研究对象的一种方法，其优、缺点如图7-17所示。

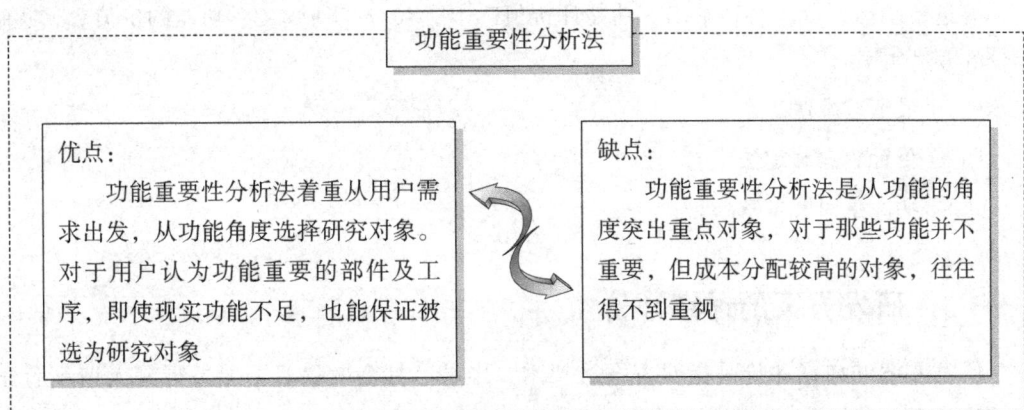

功能重要性分析法

优点：

　　功能重要性分析法着重从用户需求出发，从功能角度选择研究对象。对于用户认为功能重要的部件及工序，即使现实功能不足，也能保证被选为研究对象

缺点：

　　功能重要性分析法是从功能的角度突出重点对象，对于那些功能并不重要，但成本分配较高的对象，往往得不到重视

图7-17　功能重要性分析法的优、缺点

3.4　功能分析

　　功能分析是价值工程的核心。功能分析是从研究对象的功能出发，通过对价值工程对象（产品或作业）的深入分析，掌握产品提供的功能和用户对产品功能的需要，即回答"它是干什么的"这个问题。功能分析包括功能定义、功能整理和功能评价三个环节。

1. 功能定义

　　功能定义环节是从对价值工程对象（产品或作业）的物质结构研究，转化为对其功能系统研究的开始。功能定义最基本的目的就是明确产品或作业及其构成要素的功能。

　　进行功能定义要遵照以下要求。

（1）要做简洁、准确的表达。

（2）功能定义的名词部分尽可能定量化。

（3）动词部分的表达要适当、抽象。

2．功能整理

功能整理就是对定义出的产品及其零部件的功能，从系统的思想出发，明确功能之间的逻辑关系，排列出功能系统图。功能整理的目的在于通过对功能的定性分析，明确必要功能和不必要功能，并为功能价值的定量评价做好准备。

功能整理的方法如下。

（1）从产品的最终目的开始。

（2）从产品的具体结构，即从最终手段开始。

3．功能评价

功能评价就是对功能领域的价值进行定量评价，从中选择价值低的功能领域作为改善对象，以期通过方案创造，改进功能的实现方法，从而提高其价值。

若进行功能评价，必须求出：功能评价值F、功能的现实成本C、功能的价值V。功能评价的方法如下。

（1）最低成本法。

（2）目标利润确定法。

（3）功能重要度系数法。

3.5 研发方案的详细评价

研发方案的详细评价是指对方案从技术、经济、社会效果等方面进行深入细致的分析，从而最终确定出价值最高的方案，其具体说明如表7-1所示。

表7-1 研发方案的详细评价

序号	类别	具体说明
1	技术评价	研发方案的技术评价主要是根据用户对产品功能的要求，对反映产品性能的各项指标逐一进行分析评定。技术评价的内容包括方案的各种特性参数、可靠性、适用性、安全性、可保养性、外观及系统的协调性等
2	经济评价	研发方案的经济评价的内容包括研发方案的成本及经济效益
3	社会评价	研发方案的社会评价主要是考虑方案的实施将给社会带来的影响，包括是否符合国家有关的法律政策？是否会对环境造成污染？是否影响国家和社会的协调发展？是否有利于巩固国防？对人们的心理、意识形态等有何影响？与国家和地区的发展规划是否一致等

序号	类别	具体说明
4	综合评价	研发方案的综合评价可以用优缺点列举法等定性的方法，也可以用加权评分法、连加评分法等定量的方法进行

第4节 改进研发方案

在产品成本管理方面，将研发成本计入产品成本来计算获利率及决定价格的做法，对于不同产业会有不同的影响。例如机械行业，每一个产品开发的成果可能只用来制造一台或数台机械，研发成本占产品成本的比例比较高，管理所带来的效益也比较大；然而对电子制造业而言，产品开发的成果可能用来生产数百万台电子产品，分摊之后的研发成本的比例可能极微小，即使加强管理可能也看不出效益。因此，企业需要对研发方案进行再次审核，看是否可以通过改进方案来控制研发成本。

4.1 研发方案对产品成本的影响

在传统行业，如制药业，研发费用占整个生产成本的比例较小，计入当期损益对企业只有相应比例的影响；而在软件行业，研发费用是其主要的生产成本，如果全部计入当期损益，对企业的财务效益的反映方式和所得税的确认与计算影响极大。一般来说，改进研发方案对产品成本具有以下影响，具体如图7-18所示。

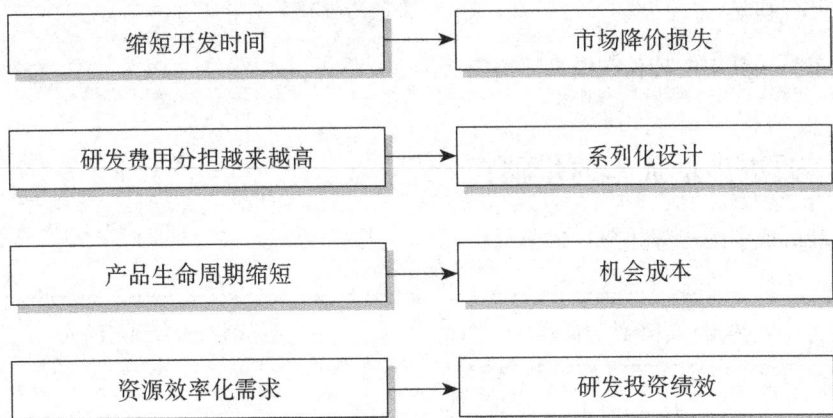

图7-18 改进研发方案对产品的影响

4.2 研发方案的改进内容

1．工艺流程

明确制造产品的先后顺序的组合图（工序流程图），运用的原理是遵循事物的发展规律，由里到外，从简单到复杂，从左到右。

2．标准工时

改进对象是熟练工（经过技能培训并锻练3个月以上的、具有一定操作技能的员工），时段化，宽裕率10~15%。

3．工序作业指导书

企业首先要明确每做一道工序所需的环境因素，做这一工序所需的工具有哪些，然后确定这一工序的作业先后顺序，将作业指导书规范化、标准化（要做到文字叙述简洁明了，图示表达清楚明白）。

4．工序的改进

运用IE手法，从位置、搬运方、工序顺序、组装方法等方面进行改善。

5．QC工程图

运用产品的工序流程图对每道工序的作业要求的质量状态进行严格控制，简要说明检查工具及检查的频次。

6．工模具管理

管理模具台账及配线说明和产品图纸（受控文件），认证专用模具要分开标识。

7．评估确认

进行车间模具申购确认和模具评估确认。

4.3 改进最低成本的步骤

改进最低成本的步骤如图7-19所示。

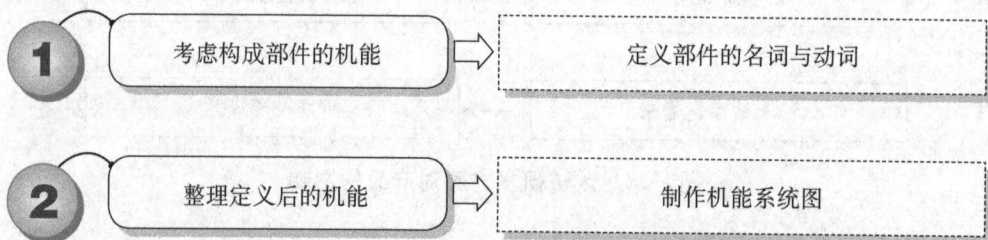

1 考虑构成部件的机能 ⇨ 定义部件的名词与动词

2 整理定义后的机能 ⇨ 制作机能系统图

| ③ | 机能评价：决定机能系数 | ⇨ | 决定由强制确定法整理出的机能系数 |

| ④ | 分配机能成本 | ⇨ | 机能系统图与制品构成图的关系 |

| ⑤ | 根据目标成本将机能成本分配到部品 | ⇨ | 分配部件的目标价格 |

| ⑥ | 价值评价：追求最低成本 | ⇨ | 追求基本材料费 |

| ⑦ | 制作改善案：降低成本 | ⇨ | 检讨消除、整合、替代及简化 |

| ⑧ | 评估改善后的价值 | ⇨ | 检查目标成本的达成度 |

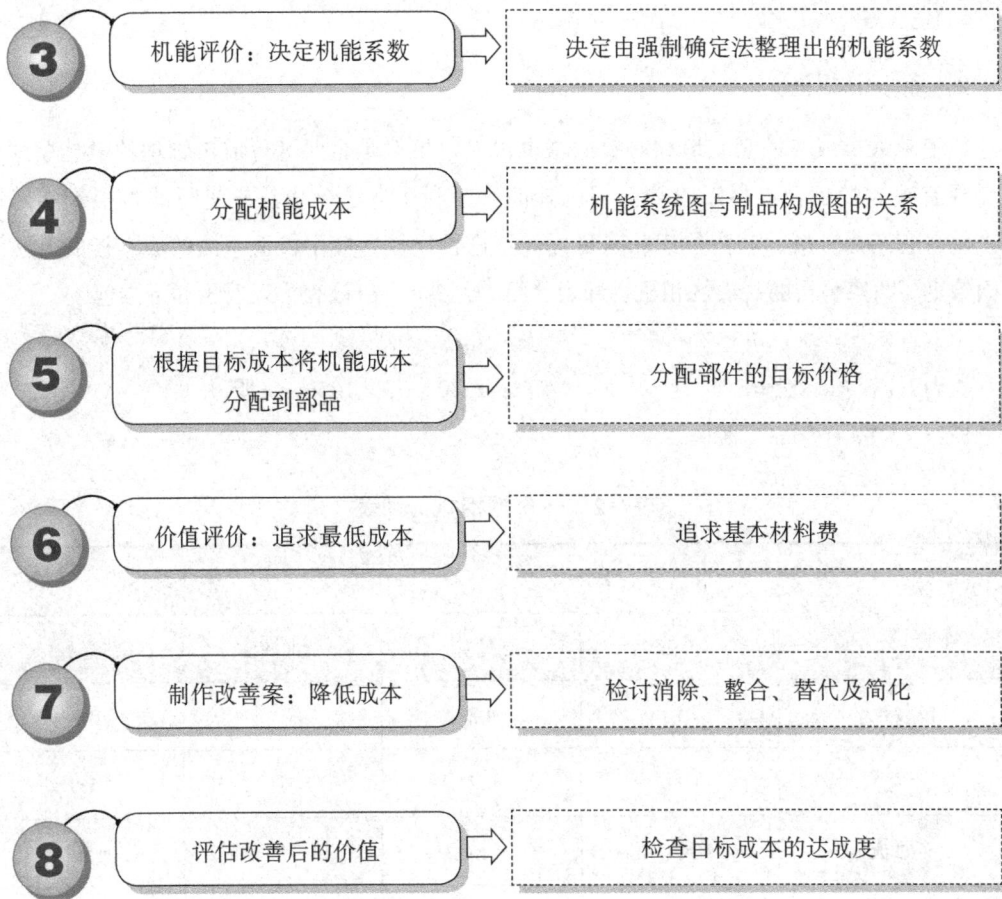

图7-19　改进最低成本的步骤

4.4　成本的改进方法

1. 最低成本法

最低成本法是为了追求必要的基本机能。基本机能的组成如图7-20所示。

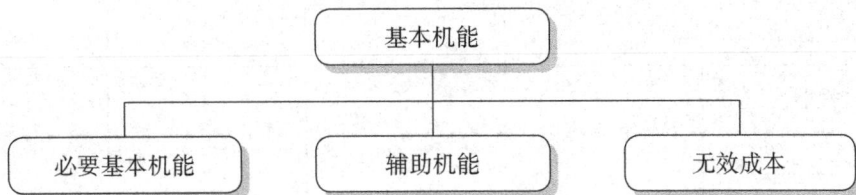

图7-20　基本机能的组成

追求最低成本＝必要基本机能

必要基本机能包括材料费（完成必要机能所设计的材料使用量及最适材料）；加工费（完成必

145

要基本机能所需的加工工时）。

2．竞争分析法

以追求最低成本的观点追求必要的基本机能，虽然是企业进行成本管理的最佳模式，但需要有整体的配合方得以成功。相比较而言，利用竞争分析法来进行成本控制相对简便。将自有产品分解，与竞争产品或目标成本进行比较，应用价值手法的成本控制方法。下面给出了两家公司的一次性相机拆卸表（见表7-2），由该表可以看出如下内容。

个数：K公司>F公司35%　　　重量：K公司>F公司 3.2%

胶卷：F公司>K公司　　　体积：F:30×58×105mm（厚）

K:25×59×108mm（薄）

表7-2　一次性相机拆卸表

	F公司		K公司	
	个数	重量(g)	个数	重量(g)
包装纸	1	4.3	1	3.8
外箱	1	9.7	1	5.0
前面板	1	11.6	1	15.9
视窗镜头	0	–	2	–
本体	2	16.8	2	17.0
软片	1	19.2	1	16.0
软片轴	0	–	1	2.1
捲片桿	2	–	2	–
镜头、盖子	1	5.1	2	8.5
计数器	3	–	4	–
快门部品	7	–	9	–
后面板	1	11.4	1	12.3
合计	20	78.1	27	80.6

3．相对比较法

（1）材料费标准偏差分析法。

利用材料费标准偏差分析，通过制程改善，可以达到降低成本的目标。

（2）加工费标准偏差分析法。

利用设备稼动偏差的分析，来寻求最适当的设备配置。

学 习 笔 记

通过学习本章内容，想必您已经掌握了不少学习心得，请仔细填写下来，以便巩固学习成果。如果您在学习中遇到了一些难点，也请如实写下来，以备今后重复学习，彻底解决这些学习难点。

同时本章给出了大量图表范例，与具体的理论内容互为参照和补充，方便您边学边用，请读者如实填写您的运用计划，以使工作与学习相结合。

我的学习心得：

1. ＿＿＿＿＿＿＿＿＿＿＿＿＿＿＿＿
2. ＿＿＿＿＿＿＿＿＿＿＿＿＿＿＿＿
3. ＿＿＿＿＿＿＿＿＿＿＿＿＿＿＿＿

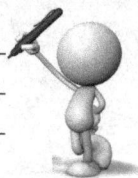

我的学习难点：

1. ＿＿＿＿＿＿＿＿＿＿＿＿＿＿＿＿
2. ＿＿＿＿＿＿＿＿＿＿＿＿＿＿＿＿
3. ＿＿＿＿＿＿＿＿＿＿＿＿＿＿＿＿

我的运用计划：

1. ＿＿＿＿＿＿＿＿＿＿＿＿＿＿＿＿
2. ＿＿＿＿＿＿＿＿＿＿＿＿＿＿＿＿
3. ＿＿＿＿＿＿＿＿＿＿＿＿＿＿＿＿

第 **8** 章

销售成本控制

> 销售成本是指企业在销售产品、自制半成品和工业性劳务等过程中发生的各项费用,包括由企业负担的包装费、运输费、装卸费、展览费、广告费、租赁费(不包括融资租赁费);为销售本企业产品而专设的销售机构的费用,包括职工工资、福利费、差旅费、办公费、折旧费、修理费、物料消耗和其他经费。

第1节　销售费用预算管理

销售预算是为地区或个人的销售目标的实现而设置的,销售预算的编制有利于地区销售目标及销售代表销售任务的实现,因此,销售预算不是一成不变的,应根据当地市场情况或客户情况的改变而变更。销售预算并不是一项约束条件,而是一件应付挑战的武器。企业要对销售成本进行精益化管理,就必须自上而下、自下而上地实施销售费用预算管理。

1.1　销售费用预算管理的作用

销售费用预算管理是以销售预算为基础,分析销售收人、销售利润和销售费用的关系,力求实现销售费用的最有效使用。具体来说,企业实施销售费用预算管理有图8-1所示的几个作用。

计划作用	使销售人员在一定的销售费用内实现销售目标
协调作用	合理使用费用,协调销售人员的各项活动

促进作用	促进销售，提升销售业绩
控制作用	增强销售人员的责任感，可衡量销售任务完成的质量

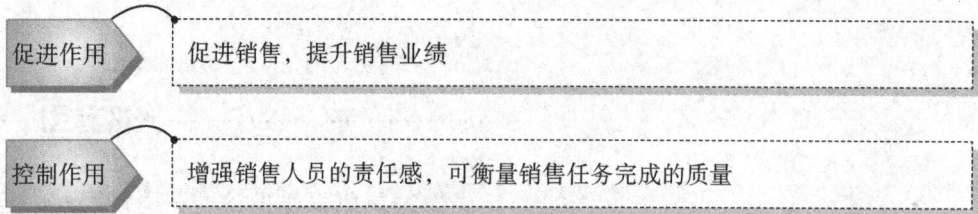

图8-1　销售费用预算管理的作用

1.2　编制销售费用预算表

营销系统各部门应按月编制各项销售费用分类预算（见表8-1），经财务部试算平衡后报相关管理部门批准执行。

表8-1　销售费用预算表

项目			年度销售费用计划额度							
			1月		2月		3月		……	
			金额	销售比重（%）	金额	销售比重（%）	金额	销售比重（%）	金额	销售比重（%）
销售费用	销售变动费用	销售佣金								
		运输费								
		包装费								
		保管费								
		燃料费								
	销售变动费用	促销费								
		广告宣传费								
		消耗品费用								
		其他费用								
	小计									
	销售固定费用	销售人员费用	工资							
			奖金							
			福利费							
			劳保费							
			其他费用							
	小计									

152

（续表）

项目			年度销售费用计划额度							
			1月		2月		3月		……	
			金额	销售比重（%）	金额	销售比重（%）	金额	销售比重（%）	金额	销售比重（%）
销售费用	销售固定费用	销售固定经费 差旅费								
		通信费								
		业务招待费								
		折旧费								
		修缮费								
		保险费								
		小计								
	合计									

第2节 控制市场推广费

一般而言，市场推广工具有五种：人员销售、广告、销售促进、直复销售和公关。对于任何企业来讲，上述五种方法都不会被单独运用，而是配合起来灵活运用，达到整体互补，从而获得最大的推广效果。提高推广费用的效率和影响，发挥其对产品销售的促进作用，是销售成本控制要关注的主要方面。

2.1 选择合适的推广媒体

企业选择推广媒体时，不但要确保其能够把产品信息传送给预定的销售对象，而且要注意不同媒体的费效比。一般来说，企业选择媒体时，应注意以下几个因素，具体内容如表8-2所示。

表8-2 选择媒体的注意因素

序号	因素		具体内容
1	市场方面的因素	消费者的属性	要根据消费者的性别、年龄、教育程度、职业及地域性等来决定应用何种媒体

153

（续表）

序号	因素		具体内容
1	市场方面的因素	商品的特性	商品的特性各有不同，应该按商品特性来选择媒体
		商品的销售范围	企业应明确商品市场究竟是全国性的销售，或限于地方区域性市场的销售。这关系到广告接触者的范围大小，由此才可决定选择何种较经济有效的媒体，以免使用不适当的广告媒体而导致无效果的传播
2	媒体方面因素	媒体量的价值	只有明确报纸的发行量、杂志的发行量、电视的收视率、电台的收听率，才能了解其传播效果
		媒体的价值	即考虑媒体的接触层次。企业应仔细分析其类型与产品消费者的类型符合；需考虑媒体的特性、优缺点，以及其节目或编辑内容是否与广告效果有关
		媒体的经济价值	要慎重考虑各媒体的成本费用，不仅要考虑媒体的实际支付费用，而且还要考虑"相对成本"，如印刷媒体的每天读者数，或电波媒体的每分钟每千人的视听成本
3	广告主方面的因素	广告主销售方法的特点	销售策略不同，选择媒体的标准也不同
		广告主的促销战略	如计划一个赠送样品的广告活动，就要用能配合赠送活动的媒体
		其他	要考虑广告主活动的基本目的、广告预算的分配额和广告主的经济能力
			对于同行竞争者使用广告媒体的情况与战略，也应列入媒体考虑范围，以知己知彼

2.2 推广费预算方法

一般来说，企业对广告费用的预算，可参考以下几种方法，具体如图8-2所示。

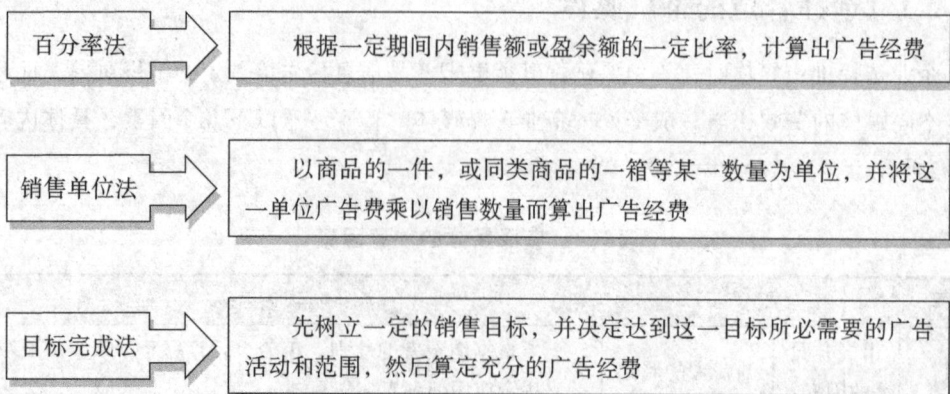

百分率法 ➡ 根据一定期间内销售额或盈余额的一定比率，计算出广告经费

销售单位法 ➡ 以商品的一件，或同类商品的一箱等某一数量为单位，并将这一单位广告费乘以销售数量而算出广告经费

目标完成法 ➡ 先树立一定的销售目标，并决定达到这一目标所必需要的广告活动和范围，然后算定充分的广告经费

邮购法	根据特定的广告而得来的询问价和定货的人数，来算定广告效果，找出广告费和广告效果的合理关系，以归纳的方式来决定广告经费

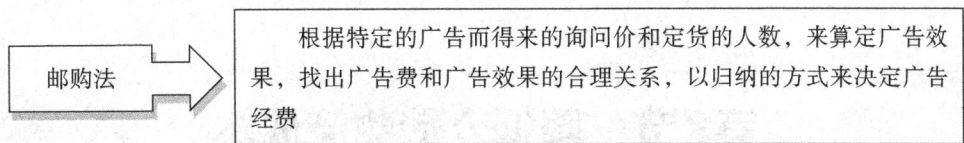

图8-2　广告费用的预算方法

2.3　促销管理

促销是指企业为促进产品销售而采取的销售措施。一般来说，企业在对促销进行成本管理时，主要是从人力、物力两个方面加强成本控制。

1．加强人力控制

这方面包括终端管理人员的协调；终端周边相关人员关系的协调；营造最好的软环境，促销人员的招聘、培训、安置及每个与促销有关的人员的岗位责任的确定等，保证促销人员到位、促销品到位。

2．加强物力控制

在促销管理的过程中也要加强物资的管理，具体内容如图8-3所示。

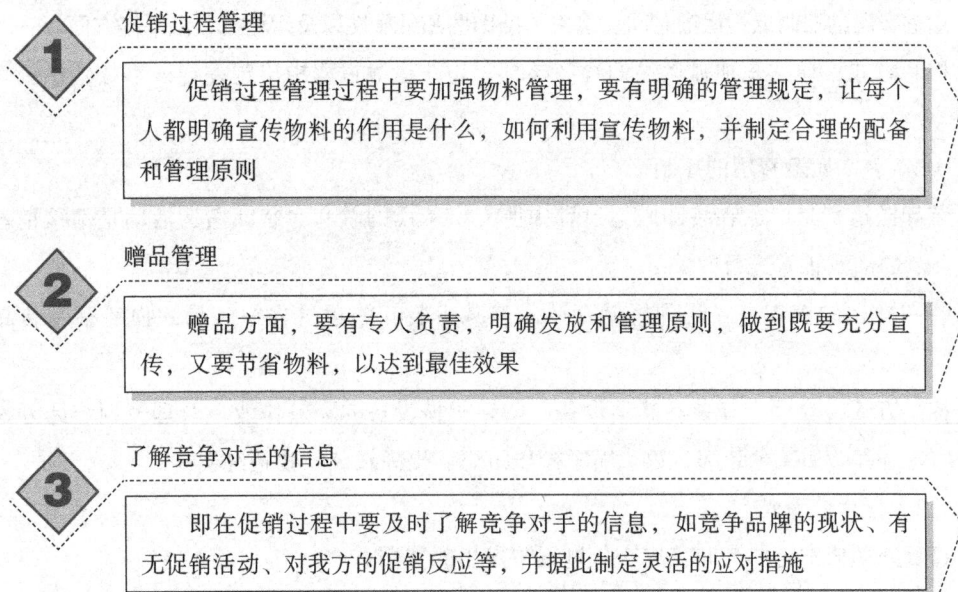

1 促销过程管理

促销过程管理过程中要加强物料管理，要有明确的管理规定，让每个人都明确宣传物料的作用是什么，如何利用宣传物料，并制定合理的配备和管理原则

2 赠品管理

赠品方面，要有专人负责，明确发放和管理原则，做到既要充分宣传，又要节省物料，以达到最佳效果

3 了解竞争对手的信息

即在促销过程中要及时了解竞争对手的信息，如竞争品牌的现状、有无促销活动、对我方的促销反应等，并据此制定灵活的应对措施

图8-3　促销过程中的物资管理

第3节　降低仓储物流成本

要想降低仓储物流成本，企业就应与运输公司签订相关条约，对于在运输途中出现的散包、产品保管不当等造成的损失，运输公司应给予赔偿；同时选择合理的运输方式及最佳的运输手段；加强仓储人员对产品的管理意识，按规定做好打包以及产品堆码工作，减少运输过程出现问题的概率。

3.1　销售物流成本的局部控制

销售物流成本的局部控制就是在企业的销售物流活动中，针对销售物流的一个或某些局部环节的支出所采取的策略和控制，以达到预期的物流成本目标。销售物流成本局部控制的基本内容如下。

（1）运输费用的控制

物资运输费用是承运单位向客户提供运输劳务所耗费的费用。运输费用占物流费用的比重较大。调查结果表明，运输成本占物流总成本的40%左右，是影响物流费用的重要因素。

运输费用的控制点：运输时间、运输的准确性和可靠性以及运输批量水平等方面。

控制方式：通常是加强运输的经济核算，防止运输过程中出现差错或事故，做到安全运输等。

（2）装卸搬运费用的控制

装卸搬运费是产品在装卸搬运过程中所支出费用的总和。装卸搬运活动是衔接销售物流各环节的活动正常进行的关键。

装卸搬运的控制点：管理好储存产品、减少装卸搬运过程中产品的损耗率及装卸时间等。

控制方式：合理选择装卸搬运设备；防止机械设备的无效作业；合理规划装卸方式和装卸作业过程，如减少装卸次数、缩短操作距离、提高被装卸物资纯度等。

（3）订货处理成本

订货处理成本主要是向客户交货过程中发生的费用。

控制方式：减少交货地点，并且与客户协商有关简化交货的约束条款。

（4）退货成本

由于产品的质量问题或运输过程中出现损耗，处理客户要求退换产品而发生的费用。

控制方式：鼓励客户尽可能的大批量订货。

（5）储存费用的控制

储存费用是指物资在储存过程中所需要的费用。控制点在于简化出入库手续、仓库的有效利用和缩短储存时间等。

控制方式：主要有强化仓储各种费用的核算和管理。

（6）包装费用的控制

包装起着保护产品、方便储运、促进销售的作用。据统计，多数物品的包装费用约占全部物流费用的10%左右，有些商品特别是生活用品，包装费用占全部物流费用的50%。

包装费用的控制点：包装的标准化率和运输时包装材料的耗费。

控制方式：选择包装材料时要进行经济分析；运用成本核算降低包装费用；加强包装的回收和旧包装的再利用；努力实现包装尺寸的标准化、包装作业的机械化等。

3.2　销售物流成本的综合控制

销售物流成本的综合控制是指对事前、事中和事后对销售物流成本进行预测、计划、计算、分析、反馈、决策等全过程的系统控制，以达到预期目标。综合控制有别于局部控制，具有系统性、综合性、战略性的特点，具有较高的控制效率。综合控制的目标是局部控制目标的集成，促使企业物流成本趋向最小化。由于销售物流各项要素之间具有"效益背反"的特性，单单减少某一项的成本可能会影响到其他销售物流环节的效率。例如，减少仓库数量并减少原材料库存必然会使库存补充变得频繁，就会增加运输次数，增加运输成本；简化产品包装，减少了包装成本，则仓库里的货物就不能堆放过高，降低了保管效率等。因此，在对销售物流的成本进行控制时要考虑整体效率，不能顾此失彼。系统化、合理化在销售物流成本控制的过程中显得尤为重要。

退货成本是销售物流成本中的一个重要组成部分，因此企业在综合控制过程中，也要考虑退货成本。退货的三种情况如图8-4所示。

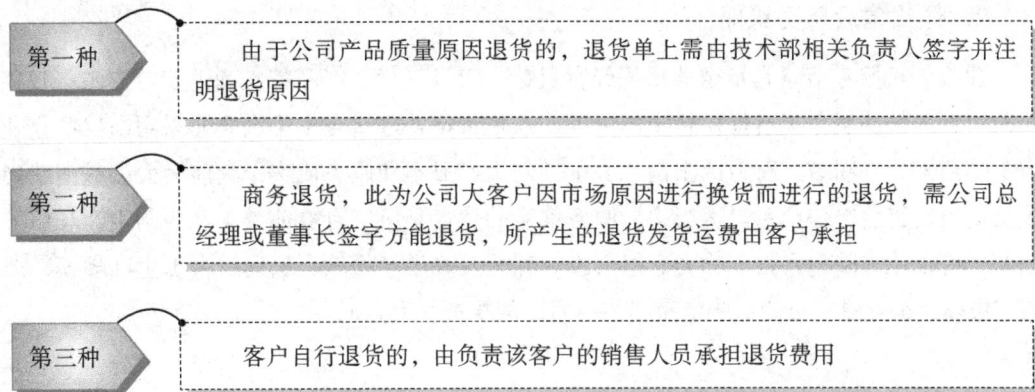

第一种　由于公司产品质量原因退货的，退货单上需由技术部相关负责人签字并注明退货原因

第二种　商务退货，此为公司大客户因市场原因进行换货而进行的退货，需公司总经理或董事长签字方能退货，所产生的退货发货运费由客户承担

第三种　客户自行退货的，由负责该客户的销售人员承担退货费用

图8-4　退货的三种情况

第4节　减少售后服务费用

提高全体员工的质量意识，不但可以减少质量问题的发生，也可以降低因质量问题所产品的退货或者客户索赔等所产生的费用。虽然加强产品质量能有效降低售后成本，但售后成本仍然是企业运营成本的一个重要组成部分。因为，良好的售后服务是实现企业销售目标的条件之一。企业承诺的售后服务项目越多、标准越高，售后成本也就会越高。

4.1　售后服务策略

在市场经济条件下，迫使企业间采取激烈的人才、质量、价格等方面的竞争。售后服务的竞争必然是企业采取有效竞争策略的重要手段。

1．全面售后服务策略

全面售后服务策略是指企业为消费者提供所需要的产品售后全过程的所有服务，这种策略几乎适用于所有经济价值高、寿命周期长、结构复杂和技术性强的产品。同时，该策略能够最大范围地获得消费者的满意，增强企业的竞争能力，扩大市场占有率，给企业带来良好的经济效益和社会效益。

2．特殊售后服务策略

特殊售后服务策略是指企业向消费者提供大多数其他企业所没有的售后服务。这种策略能够最大限度地满足消费者的需要，适用于经济价值比较高、寿命周期不太长的产品，特别是季节性和专利性产品。

3．适当售后服务策略

适当售后服务策略是指企业根据经营目标、市场环境、产品特点和消费者需求，仅仅对购买者的某些服务项目提供特定的服务，这种策略普遍适合中小型企业采用。这些企业由于受到人力、物力、财力的限制，为了控制生产成本和服务成本，只能为大多数消费者提供适当的售后服务项目。适当售后服务策略的优点是可以有效地减少和控制生产和服务成本，将企业有限的人力、物力、财力投入到开发和生产领域，从而扩大了生产规模，开拓了市场；缺点是有可能引起消费者的不满，削弱竞争力。

4.2　维修备件成本控制

为了提高响应速度，维修周转备件必须充足。但参与循环的维修备件将进入持续的跌价损失过程，已不可能再用于生产销售。维修备件的跌价损失是服务成本的体现形式。维修备件成本长时间处于待摊状态，售后服务成本的隐性和滞后性在管理中往往容易被忽略。售后服务的维修备件成本应进入产品销售成本，隐性变显性，滞后变实时，总量控制，残值回收。

1．维修备件成本进入产品销售成本

从表面上看，维修备件成本进入产品销售成本会使产品销售成本上升，给销售带来压力，影响利润目标的完成，其实这只是隐性成本变换为显性成本，成本变现提前，总成本并未增加。现实将迫使企业采取各种弥补措施，改善经营工作质量，把显性成本的影响压缩到最小。例如，科学策划产品、降低采购成本、提高产品质量、合理定价、控制损耗、转移部分维修成本压力给供应商等。这种变换的优点如下所示。

（1）时效性强，员工的成本意识得到提高，维修备件成本按比例实时摊入产品销售成本，并在定价的过程中加以考虑，及时消化，最终有利于实现合理利润。

（2）账面库存资产规模得到有效控制，各项财务指标得到改善。

（3）总库存资产中跌价损失成分减少，资产质量提高。

（4）备件库存资产的财务处理简单化，利润的水分减少；但这并不意味着放松对备件库的有效管理。

2．备件库账面规模总量控制

在以上变革完成前，由于历史原因，备件库资产未如期执行跌价处理，账面规模已相当可观，可能造成严重的资产结构性问题，必须采取总量控制措施，抑制账面规模继续膨胀。由于IT产品的保修期通常为3年，维修备件3年后应折旧完毕。企业应以过去3年的销售总成本、本年度销售总成本（计划）、存货年周转次数按比例设置备件库账面规模控制点。

3．强化备件残值回收工作

例如，修旧利废、选择部件最佳寿命点拍卖、以拍卖所得用于备件升级，或冲减备件费用；选择最佳的部件淘汰、替代方案等，是减少跌价损失的有效手段。该项工作要求客户服务人员有高度的主观能动性。因此，企业必须推行有效的考核激励措施。售后服务部门应成立专门的修旧利废工作小组，长期从事此类工作。

4．业绩考核

企业应在保证资产质量前提下制定合理的利润指标；业绩利润考核时剔除坏账和库存跌价损失。

4.3 售后服务渠道成本管理

1. 建立售后服务中心，完善售后成本控制机制

企业可以成立专门的售后服务中心，为售后成本控制提供组织机制保障。售后服务中心可将售后服务成本处理为销售成本，使售后服务成本从隐性、事后成本转变为显性成本，清晰售后服务成本的概念，增强服务成本的控制意识。

2. 售后服务渠道多元化

采用多元化的售后服务和技术支持方式，改变单一服务渠道方式带来的成本增加，让不同的售后服务方式消耗最低的成本而解决不同的售后服务需求。如利用廉价的网络在线技术支持，解决简单的技术问题，降低直接售后服务成本。

第5节 销售人员费用控制

销售人员薪酬是销售人员费用的重要组成部分，其薪酬水平的高低以及薪酬形式的不同，直接影响销售活动的最终效果。销售人员薪酬一般由基本工资、奖金（包括佣金或利润提成）、津贴、福利（包括保险）、特殊奖励等构成，其中基本工资和福利属固定费用；奖金和津贴属于变动费用，按业务量比率提取。

5.1 销售人员提成方案

设计销售提成方案，使之更有效地激励销售人员是薪酬体系方案设计的主要难点之一。提成制度制定的好坏，直接决定着销售人员工作的积极性。为了能使提成方案对销售人员产生足够的、有效的激励作用，企业可以根据自身情况从以下几种方案中找到适合自己的提成方案。

1. 高底薪+低提成

以高于同行的平均底薪，并以适当或略低于同行业之间的提成发放奖励的方案主要在外企或国内大企业中执行。该制度容易留住具有忠诚度的老业务代表，也容易稳定一些能力相当的人才。但是该制度往往对业务代表的学历、外语水平、计算机水平方面有一定的要求，所以销售人员不容易满足条件，门槛相对高些。

2．中底薪+中提成

以同行的平均底薪为标准，以同行的平均提成发放提成。该制度主要在国内一些中型企业中运用，对于一些能力不错而学历不高的业务代表具有很大的吸引力。目前大部分国内企业采取的就是这种薪水发放方式。

3．少底薪+高提成

以低于同行的平均底薪甚至以当地的最低生活保障为底薪标准，以高于同行业的平均提成发放奖励。该制度主要在国内一些小型企业中运用，该制度不仅可以有效促进业务代表的工作积极性，而且企业也无须支付过高的人力成本，对于一些能力很强、经验丰富而学历不高的业务代表具有一定的吸引力。

4．分解任务量

这是一套比较新的薪水发放原则，能够公平地给每个业务代表发放薪水，彻底打破传统的"底薪+提成"制度。这种薪水制度去繁就简，让每个业务代表清楚地知道可以拿多少钱，可充分激励优秀的业务人员，并且可以淘汰滥竽充数的业务人员。

5．达标高薪制

达标高薪制是一个达到标准便可以拿到高工资的薪水制度，对于业务人员来说，有一个顶点可以冲刺，这个顶点并非遥不可及，应当让10%左右非常有能力的业务人员拿到。这样才能激发更多的业务人员向目标冲刺。具体发放方式有一个数学公式可以计算：最高薪水一（最高任务额—实际任务额）×制定百分比＝应得薪水。这里的"制定百分比"非常关键，应略大于最高薪水与最高任务额的积。

6．阶段考评制

该薪水制度采取的也是"底薪+提成"制度，即按月发薪水，但有一项季度考核指标，采取季度总结考核的方式。具体操作方式是每月发放薪水的时候，提成不完全发放，譬如提成只发放3%，剩下的5%要到三个月后，按照总业绩是否达标进行综合考评，然后再发放三个月的累计提成薪水。该方式能有效杜绝业务人员将本应该完成的业绩滞后，或提前预支下个月的业绩，并且有效减少了有能力的业务人员干不满三个月就走人的情况发生。对于业务人员来说，每三个月都有一笔不少的"额外"薪水，相当于一年多发了四次薪水，从心理的暗示效应说来说，对业务人员也是一种不小的鼓励。

5.2　销售人员报销管理

对于销售人员报销的控制管理有以下几个要点，具体内容如表8-3所示。

表8-3　销售人员报销的控制管理

序号	控制要点	具体内容
1	无报销计划不予报销	按销售计划产生的销售费用需要报销时，需要符合报销计划；否则向有关部门和领导提交，最好是要付有预算或是进行投入和回报分析
2	报销原始单据要齐全	原始单据不齐全的不予报销。报销的另一个原则是所报的费用要有原始的凭证，要求有正规国家法律部门规定的统一票据凭证或盖有国家有关行政机关规定的单位公章，没有的不给予报销。这样的规范是为了避免销售费用的虚报、多报、假报
3	报销要准时	不准时的凭证不予报销。报销的时效性也是财务部门的要求，可以起到明账的作用，确保在规定期内报销，减少不必要的纠纷
4	特殊情况报销	按规定未经过特殊审批的否则不予报销。例如，销售经理有时为了商务来往，需要活动费用，这样的情况比较特殊，可以列入特殊情况报销处理
5	先贴付，后核销	企业必须遵守"算进不算出"的财务原则，以减少风险，加强资金管理

5.3　销售人员离职率控制

销售人员的过度流动是当前销售人员管理过程中的突出问题。一方面，销售人员过度流动会给企业造成严重的损失：不仅增加企业的人事管理和培训费用，而且常伴随着账目不清、客户流失、大量应收款收不回等情况；另一方面，销售人员的社会需求旺盛，跳槽机会多；销售人员工作转换成本低，其积累的客户关系和经验可以比较方便地转移到新的公司。企业应该主要针对收入和福利、内部人际冲突、销售指标及个人发展机会这四个方面来控制销售人员的离职率。

1. 收入和福利

销售属于高压力、高风险的职业，尤其是一些市场竞争激烈的行业，因此很多员工并不想把销售作为自己的终身职业。高付出必然追求高回报，收入和福利是销售人员择业时考虑的主要方面，也是造成员工流动的主要因素，企业应予关注。

2. 内部人际冲突

销售部门由于牵涉的方方面面的利益比较复杂，往往是公司内部人际关系最复杂、人际冲突最紧张的一个部门。内耗不仅牵制销售人员的主要精力，引起销售业绩下滑，而且会导致员工的流失。人力资源部应建立完善的招聘录用、绩效考核制度，以保证人事管理的公平公正，参与并监督员工的聘用、考核、加薪、升职管理。

3. 销售指标

销售指标高得离谱而导致员工大量离职的现象很多公司都出现过。销售人员的收入很大一部分来自奖金或提成，过高的指标不仅会造成其收入的大幅降低，而且会让员工失去信心，导致员工离开公司。因此，企业应设置符合实际的销售指标。

要点提示

只有销售人员内心认可的、有信心完成的指标才是对销售有利的指标。一般来说，公司将奖金提成的底线设在指标完成率80%左右，90%的员工能够完成这一提成底线。

4. 个人发展机会

职务的提升能满足销售人员的自尊心和自我实现的需要，因此许多销售人员的离职是为了获得更高的职位、更好的个人发展机会。

公司应把更多的升职机会留给在本企业有一定工作年限的销售人员，鼓励他们留在公司，也为新员工树立榜样。

第6节　提高货款的回笼率

要想提高货款的回笼率，企业就应制订合理的资金回笼计划，保证客户严格按照合同规定进行货款回笼，减少公司的成本；增加资金的周转率。完成上述工作的重点是公司能够确立合理的企业文化，统一全体员工的价值观，进而起到软约束的作用。因此，在企业文化的宣传过程中，应通过宣传成本观念来进行成本控制，使大家形成较强的成本意识，从而自觉节约成本。

6.1　做好收款前准备工作

销售人员的收款工作是根据合同约定的付款方式和时间来进行的，其困难程度不亚于销售工作，所以销售人员收款时也要做好计划，协调好各方面的关系，以减少障碍，顺利完成收款工作。

1．整理资料

① 根据客户情况采用信函、电话或电子邮件的方式事先通知客户。

② 做好客户销货或者往来交易的统计，包括交易时间、交易数量，约定的付款时间、应收款金额等。

2．联系客户

销售人员在收取货款之前或者货款到期前，要先跟客户联络，确定好收款时间和数额，让客户对自己应付的货款有所了解和准备。

3．正式向客户收取货款

销售人员向客户收取货款时应注意以下事项。

（1）客户不论是用支票还是现金付款，都要当面点清，另外还要防止假钞，留心支票的各种有效凭证及填写是否正确等。

（2）若客户不能一次支付全部货款，销售人员要将尚欠的款项再列入"欠款确认书"里，并请客户签字确认。

（3）收取货款时，如果客户因有事外出，销售人员可向其他有关人员收取；如对方因手续或责任上不允许，且客户短时间内无法赶回时，销售人员可暂时离开并留下字条，待稍后或改日再拜访并收取货款。

（4）如果采取电子银行转账的方式，则应告知其企业银行账户及账户名。

（5）收款后，若没有什么特殊事件需要办理，最好及时向客户礼貌致谢并道别。

4．收款后登账、交款

销售人员在货款收回后，还要继续做好以下工作。

（1）登录记账。对于每天回收的货款，销售人员要逐一做好记录，以免日后发生分歧；一般企业都设有"货款回收登记表"，销售人员要认真填写。

（2）及时交款。销售人员收回货款后，无论是现金还是支票都要及时交到财务部门，以免发生意外。若是支票，更要快！万一客户给的是空头支票，己方应尽快知道，然后采取解决办法。

6.2 防止呆坏账

作为一名优秀的销售人员，除了有好的业绩以外，还要尽力减少甚至杜绝呆、坏账的发生。在平时的工作过程中，销售人员应向客户提供良好的产品、优质的服务，以尽量减少客户拖欠货款的借口。

但是，总有客户会因为一些原因不能及时付款，此时销售人员千万不要采取过激行为，例如诉诸法律等，除非必要。客户拖欠货款时，销售人员要先分析客户拖欠货款的原因，然后再采取有针对性的应对办法。当然最好的办法是防止货款拖欠发生，"防患于未然"总比"亡羊补牢"好，具体方法如下。

1．约定预收款

销售人员在与客户商讨协议时，可将预付款作为成交的条件，哪怕在其他方面作出一些让步，也要让客户预付款。

2．事先明确事宜

合同中要明确各项事宜，尤其是付款方式和付款时间，防止客户找借口不付款；即使客户不按时付款，诉诸法律时也有据可依。

3．做好业务记录

每一次出货、发货时，销售人员都要做好记录并让客户方签字（当面或传真方式），明确在哪一天购买了哪些品种，合计多少钱，以及每一笔货款按约定又该何时回笼等，以免日后发生争议。

4．时刻关注异常情况

客户异常情况包括客户企业法人代表、经营方向、办公地点更换，企业破产等。一有风吹草动，销售人员应马上采取措施，防患于未然，杜绝呆账、死账的发生。若相关负责人离职，销售人员要让其为自己办好还款手续。

5．强化客户的回款意识

客户在处理应付账款时，应根据以下原则选择先后支付顺序。

（1）对客户利润贡献的多少。

（2）代理产品销售金额的多少。

（3）代理产品在客户心目中的地位。

（4）与客户关系的维护程度。

（5）企业对货款管理的松、紧程度。

销售经理应对销售人员进行培训，要求其经常性地强化客户的回款意识，使客户将本企业的付款顺序排列在前面。成为客户的第一付款顺序是销售人员的目标和努力方向。

6．控制发货以减少应收账款

按照客户实际的经营情况，采用"多批少量"的方法可以有效地控制应收账款。通常以每月发货1~2次为宜，即每次发货量为客户15~30日的销售量。

7. 适当的通路促销以减少应收账款

根据20 / 80原则，对于20%这部分重点客户的应收账款的管理是应收款管理的重中之重。实行通路促销政策，可以有效地降低企业的应收账款。但这种方式要谨慎使用，不宜过濒（一年一次为宜）。

8. 建立客户库存管理制度

通过对客户库存的动态管理（销售频率、销售数量、销售通路、覆盖区域等），及时了解客户的经营状况，保证销售的正常运转，有效地控制应收账款。

6.3 催收拖欠款

销售人员虽然对客户的货款采取了一定的防范措施，但还是难免会发生拖欠货款的现象。因此，销售人员在提高警惕的同时，一旦发现客户有拖欠货款迹象，应尽快探知客户拖欠货款的原因，然后制定相应的收款策略。

作为销售人员，在收取欠款时，不仅要采取一定的策略，还要掌握并运用合适的收取欠款的方法。以下是催收货款时常用的一些方法，具体如表8-4所示。

表8-4 收取欠款的方法

序号	方法	适用范围	操作要领
1	软磨法	适用于关系紧密的客户或大客户、老客户	（1）耐心礼貌地采用信函、传真、电话，甚至是亲自上门等方式软磨 （2）必要时可摆出长期作战的架势，如在客户的办公地点或住地旁住下，目的是让客户心烦意乱，结款了事
2	关系法	适用于关系紧密、销售人员手上的重点客户	即通过第三者协调来解决付款问题。如通过熟悉客户的朋友、同事、同乡或通过他们找到客户熟悉的人，由此人帮助说情、讲理、沟通感情、发展关系，使问题得到解决
3	轰炸法	适用于关系一般的客户或销售人员手里客户较多时	（1）通过措辞强硬的信函、电话、传真手段直接催 （2）亲自上门表明立场 （3）必要时可在客户处上班，摆出誓不罢休的架势，目的是让客户望而生畏，尽快付款
4	代价法	当企业产品有市场优势，关系客户企业发展，客户有求于销售人员的情况或销售人员手里有较多客户时使用	（1）停止发新货，前款到账后再发新货 （2）扬言占据客户经营场地，拉走客户货品或物资 （3）通过新闻舆论公布事实真相，给客户造成压力，感觉拖欠货款得不偿失，因此尽快付款

序号	方法	适用范围	操作要领
5	压力法	适用于关系一般、销售人员手里客户较多或者关系重要，但拖欠款时间过长的情况	（1）通过走访客户的主管部门，银行、工商、税务、行政管理部门，争取其支持 （2）通过新闻单位、公众舆论部门或客户的同行单位、客户的客户，争取他们的同情与支持，给客户制造压力，促使客户早日还款

学习笔记

通过学习本章内容，想必您已经掌握了不少学习心得，请仔细填写下来，以便巩固学习成果。如果您在学习中遇到了一些难点，也请如实写下来，以备今后重复学习，彻底解决这些学习难点。

同时本章给出了大量图表范例，与具体的理论内容互为参照和补充，方便您边学边用，请读者如实填写您的运用计划，以使工作与学习相结合。

我的学习心得：

1. _____
2. _____
3. _____

我的学习难点：

1. _____
2. _____
3. _____

我的运用计划：

1. _____
2. _____
3. _____

第**9**章

经管成本控制

企业的经营管理费用是指企业为组织和管理企业生产经营所发生的各种费用，主要包括为组织和管理生产活动发生的材料、人工、劳动资料等的耗费，行政管理部门、董事会所发生的一些费用，办公费、职工教育经费、工会经费等。

第1节　企业决策成本的管理

决策问题贯穿于企业经营的始终。对于在发展中的企业来说，内外部环境的日趋复杂导致了企业决策成本的上升。分析企业决策成本，并予以科学的控制已成为企业现今不可不走的一步棋，对于成熟期的企业更是显得极为重要，而且是必然趋势。

1.1　企业决策成本的组成

企业决策成本是由信息成本和代理成本两部分组成，具体内容如图9-1所示。

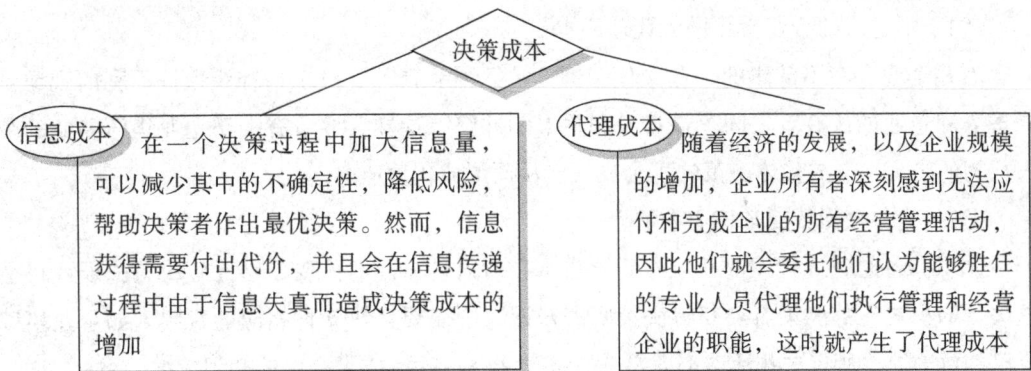

决策成本

信息成本　在一个决策过程中加大信息量，可以减少其中的不确定性，降低风险，帮助决策者作出最优决策。然而，信息获得需要付出代价，并且会在信息传递过程中由于信息失真而造成决策成本的增加

代理成本　随着经济的发展，以及企业规模的增加，企业所有者深刻感到无法应付和完成企业的所有经营管理活动，因此他们就会委托他们认为能够胜任的专业人员代理他们执行管理和经营企业的职能，这时就产生了代理成本

图9-1　决策成本的组成

1．企业信息成本的形成

（1）信息教育投入成本

信息能力已成为劳动力素质的重要标志，如计算机硬件与软件、数据库、信息处理、信息存储和信息检索等技术的学习、研究与应用，都需要较高质量的劳动力素质。企业对信息教育的投入是企业信息成本投入之一。

（2）信息的固定成本

由于高科技的发展，无论是信息的生产，还是信息的传递、信息的获取，都需要购置和建立相应的通信系统、计算机硬件系统，以及程序、数据库和其他软件系统。企业经济主体运行稳健与否、效率高低、效益好坏在很大程度上取决于信息硬、软件系统的投入。信息固定成本已成为产业成本上升的主要成本项目。

（3）信息的注意力购买成本

当今信息问题不在于信息获得的困难程度，而是信息的过量和超载，信息的注意力成为稀缺资源。企业要在无数的信息中将人们的注意力吸引到自己的特定产品上，以获得产品的最高效益。产品销售主体不仅要在产品的设计、文字和印刷上增加成本投入，而且还要大力借助大众传媒来宣传自己的产品。同时，这也花费了大量的注意力购买成本。

（4）信息的获得成本

面对复杂的客户需求和大量信息，早期最简单的信息收集方式，即仅靠个人的看、听、读早已不再适用，机器系统虽能满足对速度、批量和准确性的要求，但并非仅仅如此就够了。因此经济主体之间便因为分工和高效率的要求，产生了委托与代理的关系。信息委托方为节省时间、提高工作效率和减少决策的风险，一般会委托信息代理方搜索、获取和分析信息。在信息获得的过程中，企业不仅要付出交易成本，还要付出相应的信息获得成本。

2．企业代理成本分析

对于企业的代理成本，处于企业生命周期的任何一个阶段都几乎是差不多的。

（1）不健康的企业文化增大代理成本

有些企业存在不健康的企业文化，例如缺乏团队精神、员工精神涣散等不利的现象：代理人和企业的所有者之间存在自身利益上的冲突，这样会导致有损于企业集体利益的个人行为的出现，造成整体决策的机会损失，从而形成代理成本。

（2）竞争激烈致使知识成本增大

知识储备匮乏或知识的获取滞后于决策在时效性方面的需要，会导致决策失误或机会损失。知识贫乏的决策者要获得决策所需知识，则需要企业支付相应的费用。如企业培训自己的员工等，所有这些活动都需要花一笔学费，这就形成了决策的知识成本。

1.2　降低决策成本的流程

为了保证成本决策的正确性，必须按严格的程序进行，其基本流程如图9-2所示。

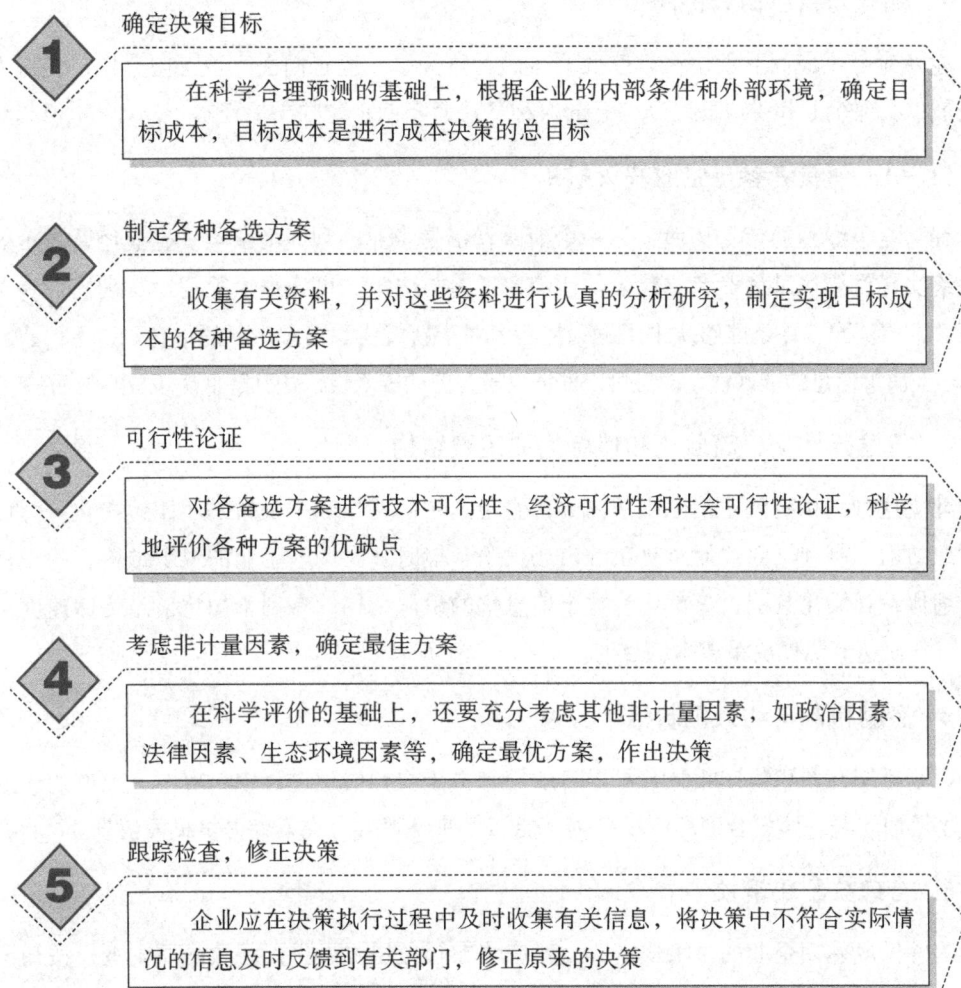

1　确定决策目标

在科学合理预测的基础上，根据企业的内部条件和外部环境，确定目标成本，目标成本是进行成本决策的总目标

2　制定各种备选方案

收集有关资料，并对这些资料进行认真的分析研究，制定实现目标成本的各种备选方案

3　可行性论证

对各备选方案进行技术可行性、经济可行性和社会可行性论证，科学地评价各种方案的优缺点

4　考虑非计量因素，确定最佳方案

在科学评价的基础上，还要充分考虑其他非计量因素，如政治因素、法律因素、生态环境因素等，确定最优方案，作出决策

5　跟踪检查，修正决策

企业应在决策执行过程中及时收集有关信息，将决策中不符合实际情况的信息及时反馈到有关部门，修正原来的决策

图9-2　降低决策成本的流程

1.3　决策成本的控制措施

通过之前对决策成本形成的影响因素的分析，了解了企业决策成长增大的主要原因，为了能有效地控制决策成本，应当应用下面一些措施。

1．借助信息企业收集信息

进入成熟期的企业将面对市场受到竞争者的争夺，环境复杂、竞争激烈，单单只依靠企业内部的信息收集部门已经不足以应对如此众多的竞争者。为了解决这样的问题，企业需要引入专业信息公司的帮助，它们可以收集到企业需要的有用信息。同时，企业的信息部门可以抽身应对一些重要的竞争对手，实现对竞争对手信息收集的优化，从而降低企业决策成本。

2．加强与供应商的协同

企业应与供应商互助协作，改变原有的竞争关系，使它们由竞争走向合作，使双方协同发展，实现企业和供应商之间信息的对称，从而降低企业的决策成本。

3．引入消费者参与企业决策机制

面对竞争激烈的市场环境，每一个消费者都是企业的利润增长点。企业经营决策效果的最终实现需要通过消费者的检验。让消费者参与决策，可以最大限度地实现消费者对于决策效果的认同，并且能够从中了解到消费者对于新替代品需求情况的信息。这不但有利于提高企业决策信息的准确性，而且可以保证决策方向的准确性，达到降低决策成本的目的。

4．建立弹性化、简单化和信息化的组织结构

建立这种结构有利于消除组织内部信息传递中的摩擦和不健康的小团体文化。弹性高的组织结构，有利于企业面对复杂的市场竞争环境时随时调整企业的组织结构，建立良好的沟通体系和文化氛围；简单化和数字信息化的组织结构，有利于加快信息传递速度和准确性，从而达到降低决策成本的目的。

5．激励机制与约束机制相结合

激励机制与约束机制相结合可以有效控制由于委托代理过程中目标不一致所造成的决策成本增加问题。建立合理的激励机制，能够促使经理人为决策者提供决策信息。

6．合理分配决策权

为降低成熟期企业的决策成本，企业应该在管理层上下目标一致的原则下，按知识和信息优势分配决策权力，即将决策权分配给拥有知识和信息优势的人。

第2节　企业内控成本的管理

为了适应现代化经济社会环境的需要，不管规模大小和业务繁简，任何企业都必须建立一个有力的、高效率的组织指挥机构和管理体系。成本预算制度就是先进、有效的管理体系中不可缺少的一个重要部分。

2.1　内控成本预算的控制流程

内控成本预算的控制流程如图9-3所示。

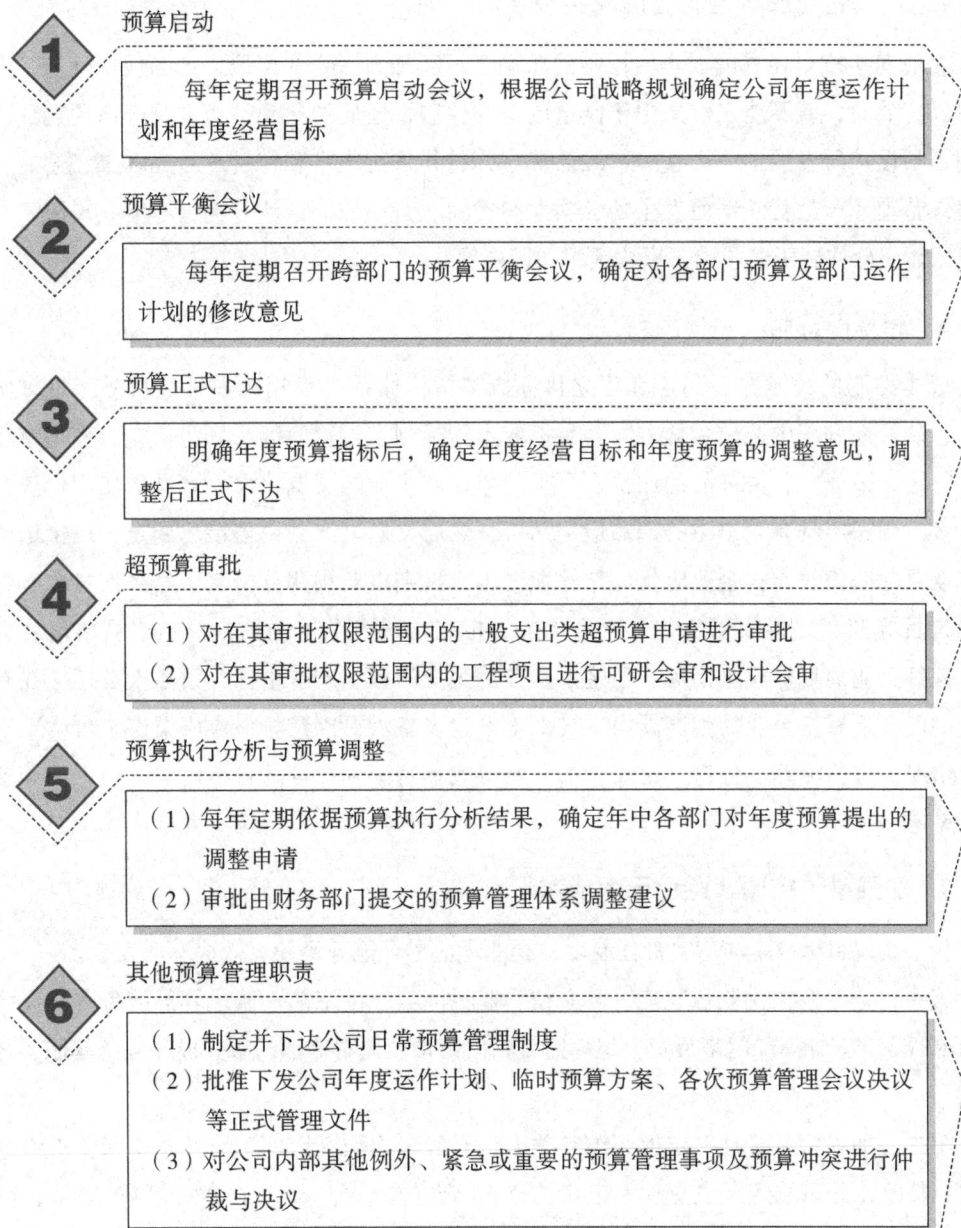

1 预算启动

　　每年定期召开预算启动会议，根据公司战略规划确定公司年度运作计划和年度经营目标

2 预算平衡会议

　　每年定期召开跨部门的预算平衡会议，确定对各部门预算及部门运作计划的修改意见

3 预算正式下达

　　明确年度预算指标后，确定年度经营目标和年度预算的调整意见，调整后正式下达

4 超预算审批

（1）对在其审批权限范围内的一般支出类超预算申请进行审批
（2）对在其审批权限范围内的工程项目进行可研会审和设计会审

5 预算执行分析与预算调整

（1）每年定期依据预算执行分析结果，确定年中各部门对年度预算提出的调整申请
（2）审批由财务部门提交的预算管理体系调整建议

6 其他预算管理职责

（1）制定并下达公司日常预算管理制度
（2）批准下发公司年度运作计划、临时预算方案、各次预算管理会议决议等正式管理文件
（3）对公司内部其他例外、紧急或重要的预算管理事项及预算冲突进行仲裁与决议

图9-3　成本预算的控制流程

2.2　内控成本的管理重点

　　内控成本是指为了科学地组织管理，减少不必要的支出而产生的费用，是企业实现成本计划的重要手段。目前，加强和改进成本费用的内部控制是企业的一项重要任务。为了

使企业改变成本费用内部控制的现状，摆脱成本费用居高不下的困境呢，企业应从以下几个方面入手。

1. 扩大企业成本控制范围，实现全面管理

企业间接成本在总的成本费用中的比例正不断加大，企业要取得产品成本优势，同时获得经济效益，就不能仅仅局限于制造成本的控制，还应扩展到整个产品寿命周期成本的控制，如设计研发成本、设备运行维护成本，材料采购成本和存货仓储成本等，还有企业为组织管理生产经营活动而发生的各项期间费用。另一方面，从范围上不能只局限于生产领域，而应延伸到研发领域、采购领域和销售领域。

2. 施事前控制

成本控制的关键在于制定和建立目标成本指标体系。目标成本指标需要经过多次的测算，从目标利润中选出最佳方案。目标成本指标制定过程应以市场为依托，依据市场信息、行情，市场上各类产品的比价、需求趋势，本企业的资源状况，产品的使用价值及功能计量，测算出具有竞争力的产品最优销价。然后，通过产品销售市场调查，以销定产测算本期目标销售收入。企业应优先扣除上交国家税金以及预测分析有关经济信息，制定产品销售目标利润，再依据公式：产品单位目标成本＝产品单位销售价－产品单位目标利润，拟订企业的目标成本指标。但这不是最后敲定的目标成本指标，财务人员还应在有关人员的配合下根据企业的生产能力、技术水平、设备水平以及材料供应渠道、价格水平等具体情况，进行测算、分析、比较，如果所得成本达不到拟订的目标成本，要进行调整或重新设定。

3. 加强事中控制，避免无效成本

为了实现目标成本与落实责任制度，企业就应尽可能地避免无效成本的发生。

第一，企业应强化监督职能，设立技术监督岗位，由工艺、质检等部门负责；经济监督则由财务、审计等部门来负责；纪律监督则由纪检、监察等部门来完成，各负其职，分工明确。

第二，加强物资管理，定期组织有关人员对各车间物资管理工作及仓库保管工作进行检查、整改，并采取定期盘点和不定期抽查相结合的方式，做到证、账、物三对口，避免物资流失。同时，监督物资用向，推行限额领料制度，剩余材料及时退库，以防丢、毁、损等现象的发生。特殊物资管理要责任到人，避免挪作他用而造成浪费。

第三，资源闲置浪费和产品积压造成贬值也是成本居高不下的主要因素之一，企业应充分利用资源创造条件，根据下列情况合理规划库存量。

（1）企业闲置物资以价值量的形式流动，实现资产增值。通过对库存情况进行全面系统清查，制定物资调剂、结账和限购措施，对一些不需要的物资进行处理，盘活闲置资产。

对于企业中闲置和利用率低的固定资产，包括厂房、土地、设备，想尽一切办法加以利用。

（2）企业有权根据生产需要增减人员和固定资产，实行人员和设备合理配置。企业应先规划出理想的人机比例关系，然后通过分析现有人员的技术层次及现有的技术装备水平，设计合理的人机配置，防止人员或机器闲置。

（3）将"零库存"形式作为库存管理的指导思想，按照以销定产、以产定购的方法，合理安排库存量，使之达到最优，避免造成不必要的仓储管理成本和可能发生的意外损失。

第3节　企业责任成本的管理

责任成本管理是现代企业实施精益化管理的一个重要组成部分，它是把"责任"和"成本"这两个主题巧妙地结合起来的一种科学的核算形式。经营管理成本里的责任成本是指按照责任者的可控程度所归集的应由责任者负担的成本，它划清了企业成本管理中的经济责任，体现了责权利一体、分级控制的思想。责任成本管理的目的是以最少的投入换取最大的经济利益，实现企业增效、职工增收。

责任成本管理是一项贯穿企业生产经营过程的成本控制工作，须由全员参加，以得到全方位、全过程地实施。推行责任成本管理可以进一步规范企业内部管理行为，建立符合科学预控、责任量化、纪律严明、目标明确、考核严格的基本原则的运行机制，并可以促进企业集约经营、精细化管理和稳健理财，增强企业的经济实力。

3.1　责任成本各部门职责

企业责任成本管理监管层的主要任务是：负责建立以体制、机制和操作模式为主要内容的责任成本管理体系，制定有关成本管理办法和其他相关措施，有计划地对各单位、各项目部开展责任成本管理工作的情况进行督察、指导。实施责任成本管理过程中，企业相关部门的具体职责如表9-1所示。

表9-1　责任成本各部门的职责

序号	部门	具体内容
1	财务部	（1）负责责任成本的会计核算工作 （2）参与监督生产、经营等部门的一切经济活动 （3）监督生产计划完成后的统计分析工作

序号	部门	具体内容
1	财务部	（4）督促营销部门及时完成核准的上交款指标 （5）参与企业管理费用开支预算并实施监控
2	人事部	（1）负责企业对外招聘及培训、考勤、劳动纪律等人事管理工作 （2）负责核定并下达各部门人员的责任工资，参与效益工资的考核工作
3	生产技术部	（1）负责编制、审核和优化项目实施性组织设计 （2）指导经直管生产部清查核准的生产经营计划的实施 （3）负责生产经营部门控制的成本管理
4	仓储部	（1）负责物资和设备的集中招标与采购 （2）指导、规范设备、物资管理工作，降低机械设备和物资成本 （3）对机械设备和物资成本的节超进行分析
5	经营部	（1）负责对企业生产经营项目进行经济效益预评估 （2）对企业投资项目的预期收益进行分析、测算
6	计统部	（1）协同经营部对企业投资或生产项目进行预期收益分析、测算，掌握有关情况 （2）指导编制、审核责任成本预算及二次分解，经企业有关会议审定后批复 （3）牵头负责责任成本分析工作 （4）负责责任成本季度报表的收集、汇总和上报工作 （5）负责变更索赔工作
7	企业管理部	（1）组织各部门经理竞聘，签订责任书 （2）负责制定和完善生产经营指标挂钩考核办法 （3）负责与各部门主管领导签订生产经营指标挂钩责任书，按期进行考核，并根据考核结果进行奖罚

3.2　责任成本管理的主要特点

1. 综合性

责任成本管理集预算管理、定额管理、财务管理、会计核算等管理办法于一体，具有很强的综合管理职能。

2. 全员性

责任成本管理涉及的部门多、人员广，需要各业务部门紧密配合。

3．可控性

责任成本管理以成本的可控性来划分责任，以责任的范围来确定职权，以完成的责任预算总额和责任盈亏来兑现经济利益，使责任主体的责任、职权和利益紧密结合。

4．双向性

责任成本管理的基础是责任预算，而责任预算是由产品或服务的数量和单价组成，因此责任成本管理更多的是数量和价格的双向管理。

3.3 责任成本管理的工作流程

企业管理部应将责任成本管理机构的职责进一步细化分解，落实到各相关职能部门和责任人。以下是责任成本管理工作的具体流程。

1．编制责任成本分解预算

在企业管理层关于责任成本预算指导原则下，结合各部门实际进行方案优化后的责任成本分解预算编制。

2．划分责任单元，进行责任分解

按照责任成本分解预算，将各项指标分解落实到各责任部门及其责任人，并签订责任书。

3．过程受控与监控

（1）按规定编制并上报责任成本报表及资料，接受企业管理层的监督。
（2）对各责任部门责任成本管理情况定期进行检查、监督，定期进行成本分析和核算。

4．考核与奖罚

按与各责任单元和责任人签订的责任书，搞好过程考核和末次考核工作，并根据考核结果进行奖罚。

第4节 经管成本控制的方法

对于一个企业来说，具体选用哪种经营成本控制方法，应视本单位的实际情况而定，必要时还可以设计出一个符合自身需要的特殊方法。

4.1 成本的特性与分类

选择经营成本控制方法时，首先需要了解本企业经营管理成本的特性与分类，具体可以从以下三个方面进行。

（1）成本发生的变动性与固定性。变动成本随产量的变动而变化，固定成本则不受产量因素的影响。

（2）成本对产品的直接性和间接性。直接生产成本与产品生产直接相关，间接生产成本的相关性则并不明显。

（3）成本的可控性和不可控性。成本与不可控成本随时间条件的变化而会发生相互转化。

【范本9-01】管理费用考核指标表

管理费用考核指标表

责任主体：管理部	预算期间：2014年			金额单位：万元		
项目	上年预计			年度预算	1-6月实际	7-12月余
	1-10月累计	11-12月预计	合计	年度预算	1-6月实际	7-12月余
合计	1 289.19	354.05	1 643.24	1 101.44	611.33	490.10
办公费	71.92	20.00	91.92	50.50	26.60	23.90
通信费	36.18	6.52	42.70	31.20	15.32	15.88
业务招待费	196.55	65.33	261.88	230.00	126.26	103.74
低值易耗品	53.72	15.95	69.67	30.50	19.42	11.08
宣传费	26.64	13.23	39.87	34.40	17.51	16.89
修理费	111.97	24.30	136.26	46.80	25.57	21.23
差旅费	103.71	27.82	131.53	81.80	40.72	41.08
环境卫生费	14.21		14.21	0.00	0.00	0.00
会务费	10.44	14.77	25.20	21.65	10.83	10.82
绿化费	61.61	6.91	68.52	82.51	82.51	0.00
运输费	465.97	159.22	625.20	403.90	203.03	200.87
其他	136.28	——	136.28	88.18	43.55	44.62

4.2　经管成本控制的方法

经管成本控制工作的控制要点较多，涉及的方面也是非常广的，要做到万无一失、完美无缺并不是想象中的那么容易，因此，企业必须明确经营成本控制的重点，然后选择以下几种方法进行成本控制。

1．定额成本法

定额成本法是指企业为了及时地反映和监督生产费用和产品成本脱离定额的差异，加强定额管理和成本控制而采用的一种成本计算方法。其特点如下所示。

（1）将事前制定的产品的消耗定额、费用定额和定额成本作为降低成本的目标，对产品成本进行事前控制。

（2）在生产费用发生的当时将符合定额的费用和发生的差异分别核算，加强对成本差异的日常核算、分析和控制。

（3）月末在定额成本的基础上加减各种成本差异，计算产品的实际成本，为成本的定期分析和考核提供数据。

2．标准成本法

标准成本法是指将成本计划、成本控制和成本分析结合起来的一种成本计算方法，其计算程序如下。

（1）制定单位产品的标准成本。

（2）计算实际产量的标准产品成本。

（3）计算标准成本差异，将计算出来的差异计入到各种专设的差异账户中。

（4）根据完工产品的实际产量和单位标准产品成本，计算完工产品的成本，并予以结转。

（5）计算并结转标准成本差异账户，结转销售产品的成本；企业可根据产品的各项标准消耗量（如材料、工时等）及事先计算出来产品的标准成本；同时，将标准成本与实际成本相比较，分析差异产生的原因，采取相应的措施，控制费用的支出，逐渐达到标准成本的水平，从而不断降低产品的实际成本。

3．作业成本法

作业成本法又称ABC成本法，是指以作业为基础，通过对所有作业活动进行动态追踪，根据各项作业费用的消耗情况对成本进行合理分析的一种成本计算方法，它是对传统成本计算方法的创新。

4．倒推成本法

倒推成本法是与传统成本计算法方向完全相反的一种成本计算方法。传统的生产成本的记录、归集和分配，是随着材料与产品实体的转移而转移，即生产成本的会计记录与生产成本发生的实物流程是同步的。倒推成本法则是一种当产品完工或销售时，倒过来计算在产品、产成品等生产成本的成本计算方法。

学 习 笔 记

通过学习本章内容，想必您已经掌握了不少学习心得，请仔细填写下来，以便巩固学习成果。如果您在学习中遇到了一些难点，也请如实写下来，以备今后重复学习，彻底解决这些学习难点。

同时本章给出了大量图表范例，与具体的理论内容互为参照和补充，方便您边学边用，请读者如实填写您的运用计划，以使工作与学习相结合。

我的学习心得：

1. _____
2. _____
3. _____

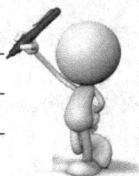

我的学习难点：

1. _____
2. _____
3. _____

我的运用计划：

1. _____
2. _____
3. _____

第 10 章

信息化成本管理工具

企业信息化管理主要指将企业的生产过程、物料移动、事务处理、现金流动、客户交互等业务过程数字化，通过各种信息系统网络加工生成新的信息资源，使各层次的人们能够洞悉、观察各类动态业务中的一切信息。企业使用信息化工具有利于生产要素组合优化的决策，合理配置企业资源，以使企业能适应瞬息万变的市场经济竞争环境，获得最大的经济效益。

第1节　办公自动化系统

办公自动化（Office Automation，简称OA）系统是面向组织的日常运作和管理，是员工及管理者使用频率最高的应用系统。OA系统在应用内容的深度与广度、IT技术运用等方面都有了新的变化和发展，已成为企业不可或缺的核心应用系统。

1.1　办公自动化系统的作用

实施办公自动化，可以使企业大大提高工作效率，增强管理的规范化、现代化，降低管理成本，并能充分利用现有资源来有效提升企业的无形资产，从而带动整个企业迅速发展。

1.2　办公自动化系统的特点

办公自动化系统是指利用计算机技术、通信技术、系统科学、管理科学等先进的科学技术，不断使人们的部分办公业务活动物化于人以外的各种现代化的办公设备中，最大限度地提高工作效率和质量，改善工作环境和条件的一种应用系统。办公自动化系统具有以下几个特点。

（1）具有集成功能，能与客户关系管理、资源管理、人力资源管理、项目管理软件等多种企业管理软件进行无缝整合。

（2）在信息共享的基础上，为员工提供一个协同工作的平台。

（3）个性化管理。支持员工自定义其工作台，员工可选择根据自己的需求及使用习惯把与其工作相关的信息组件放在工作台上。

（4）知识管理平台。有些OA系统支持知识分类功能，用户可根据企业规则设定的知识分类将文档编入索引并按权限进行检索。

1.3 办公自动化系统功能模块

不同的开发商的办公自动系统软件所提供的功能模块是不一样的。但是，办公自动化系统能够以结构化组件的方式，将主要的业务流程抽象出来，形成通用模块。办公自动化系统一般具备以下功能模块，具体如图10-1所示。

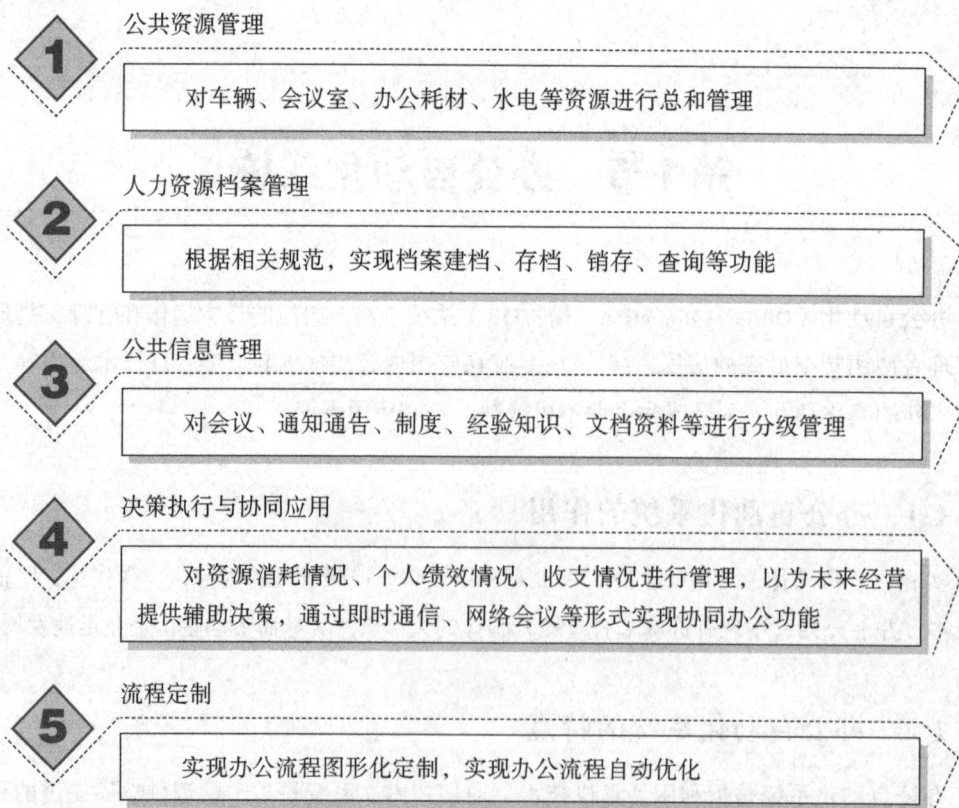

1 公共资源管理

对车辆、会议室、办公耗材、水电等资源进行总和管理

2 人力资源档案管理

根据相关规范，实现档案建档、存档、销存、查询等功能

3 公共信息管理

对会议、通知通告、制度、经验知识、文档资料等进行分级管理

4 决策执行与协同应用

对资源消耗情况、个人绩效情况、收支情况进行管理，以为未来经营提供辅助决策，通过即时通信、网络会议等形式实现协同办公功能

5 流程定制

实现办公流程图形化定制，实现办公流程自动优化

图10-1 办公自动化系统功能模块

第2节 企业资源规划系统

企业资源规划（Enterprise Resource Planning，简称ERP）是指把企业的物流、人流、资金流、信息流统一起来进行管理，以求最大限度地利用企业现有资源，实现企业经济效益的最大化的应用系统。企业资源规划是对企业所拥有的人、财、物、信息、时间和空间等综合资源进行综合平衡和优化管理，协调企业各管理部门，围绕市场导向开展业务活动，提高企业的核心竞争力，从而取得最好的经济效益。因此，ERP系统首先是一个软件，同时是一个管理工具。ERP系统是IT技术与管理思想的融合体，即借助电脑实现先进的管理思想，以达成企业的管理目标。

2.1 ERP系统的特点

ERP系统是一个在全公司范围内应用的、高度集成的系统，数据在各业务系统之间高度共享，所有源数据只需在某一个系统中输入一次，保证了数据的一致性；ERP系统采用了计算机最新的主流技术和体系结构：B/S、INTERNET体系结构，WINDOWS界面；在能通信的地方都可以方便地接入到系统中来；对公司内部业务流程和管理过程进行了优化，主要的业务流程实现了自动化。

1．ERP系统的总体架构

ERP系统的总体架构如图10-2所示。

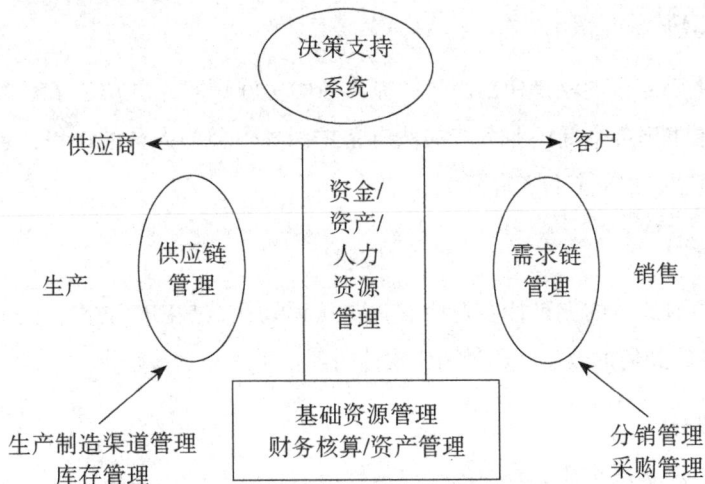

图10-2 ERP系统的总体架构

2．ERP系统的基本构成

ERP系统覆盖企业财务、销售、采购、客户关系、人力资源、生产制造、资产管理、工程项目、商业智能以及电子商务等业务。其基本构成如图10-3所示。

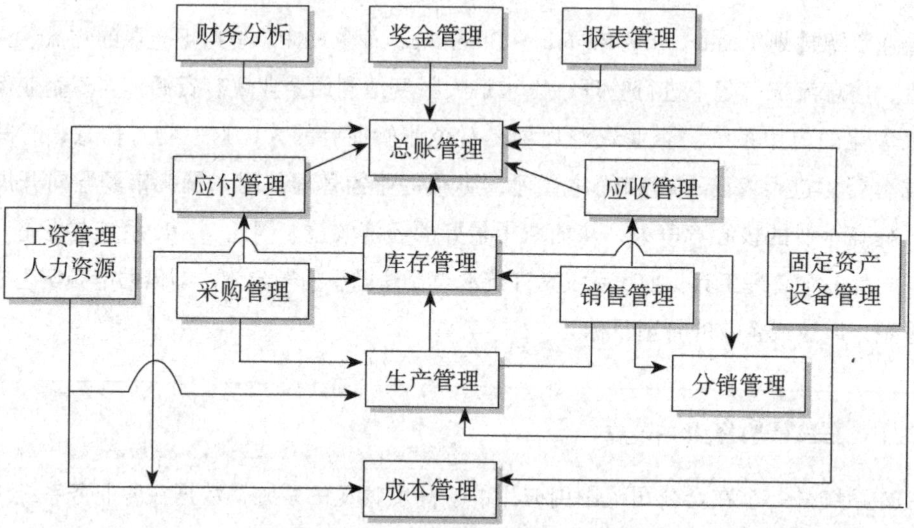

图10-3　ERP系统的基本构成

2.2　ERP系统的实施流程

成熟、完善的ERP系统是信息化成功的前提，严谨、科学的实施方式是保证ERP系统成功上线的关键。企业要成功实施ERP系统，可以按以下流程进行。

1．初次调研

初次调研主要的目的就是使ERP软件提供商的实施顾问人员初步了解对企业各个部门的业务流程，收集到各个部门业务流的所有单据和各个部门人员的认识，了解他们对ERP系统的认识和期望，以便制订工作计划。

2．系统培训

系统培训主要的目的就是让企业所有人员认识到什么是ERP系统、在企业中应用ERP系统能给企业带来如何的效益，以及ERP软件的各个系统的功能培训。

3．流程拟订

流程拟订主要的目的是帮助实施顾问人员根据自己对该企业的了解，结合自己或所在公司对企业所在行业的累积经验，拟订出一个符合企业需求的业务流程。这是一个非常重要的阶段，决定了一个企业的管理能否从此得到提升，流程能否更加完善。

4．制定编码原则

制定编码原则主要的目的是使企业能在实施顾问人员的指导下，制定企业应用ERP系统的基本原则，其中包括物料的编码原则、供应商和客户的编码原则、产品结构（包括BOM架阶）的分阶建立等。

5．资料收集

资料收集主要的目的是企业的人员在熟悉了各项编码原则的基础上，收集企业应用ERP系统所需要的基本资料，包括物料、供应商、客户、部门、人员等资源的收集。

6．流程测试

流程测试主要的目的是企业人员通过测试来判断流程拟订的合理性，并使用企业实际的业务流程来测试ERP系统的功能完善性和操作的方便性。

7．期初导入

期初导入主要的目的是收集ERP系统上线的期初数据，并在实施顾问人员的指导下录入ERP系统，为企业正式应用ERP系统奠定基础。

8．上线辅导

上线辅导主要的目的是将企业的实际业务数据在ERP系统中处理，一般在系统上线的第一、二个月的时间里面，有必要的又模式进行，以防企业人员在上线期初操作不熟练所造成错误。

9．月结辅导

月结辅导主要的目的是在应用系统一个自然月后，通过ERP系统来判断企业管理所需要的各种报表、检验报表的完善性，以及数据的准确性。

2.3 软件商的选择要点

企业在应用ERP项目之前必须清楚企业的现状，分析自身的管理特征，明确引入ERP项目的目的，制订企业结构调整计划，尤其是关键业务的流程重组，一定要提前进行或提前做计划。软件商的选择要点如图10-4所示。

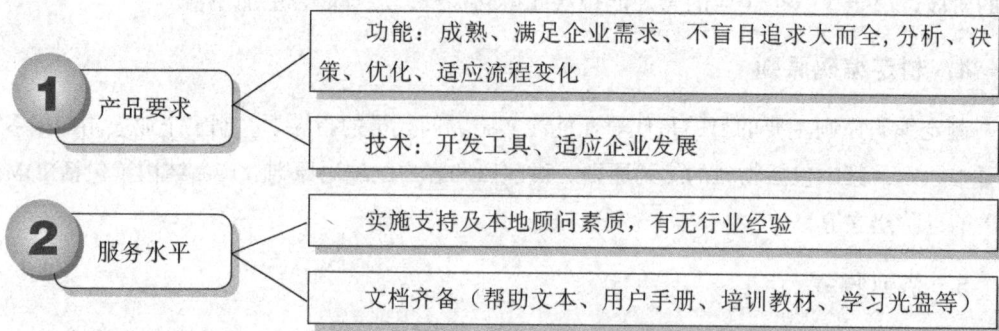

图10-4 ERP软件商选择要点

1．产品要求

选择的产品既能满足企业长期发展的需求，又能满足未来多样化的需求，质量要稳定，维护要容易。ERP系统要经过国家科技部门的权威认证，如国家科技部评测认可的八家公司的ERP产品等。

对于成熟的ERP软件而言，功能上各有优点，对不同行业也存在不同的优势差异。企业应该充分考虑自身的运作特点和性能价格比。在确定之前，企业应了解ERP软件的适应性和功能可扩展性。如果ERP软件的适应性不强，那么当企业要转型时，就会遇到很多问题。

2．服务水平

企业所选择的软件公司应拥有完善的售后服务机制及本地化的技术支持，可提供满足其各种需求的服务。但是，开发产品的能力与建立一个机制完善的售后服务团队的能力是不同的。因此，企业必须将软件公司是否拥有完善的售后服务机制，可提供满足其各种及各地需求的服务，与"选公司""比产品"一样，列为重要的评估项目。

2.4　常见ERP软件介绍

1．SAP

R/2和R/3系统是德国SAP公司所提供的MRPII产品。R/2是用于集中式大型机环境的系统；R/3是用于分布式的客户机/服务器环境的系统。SAP的一整套程序是针对所有企业的一种数据和应用集成方法，它将业务和技术融入了一个综合性的、高品位的标准系统，即商品化软件系统。R/3系统是一个建立在三维客户机/服务器上的开放的新标准软件。

适用特点：R/3适用于那些管理基础较好经营规模较大的企业，普通企业选择R/3时，要充分考虑软件适用性和价格因素。

2. Oracle

Oracle公司是著名的软件公司，Oracle关系数据库是其主要软件产品。公司总部设在美国加州，目前在北京设立了分公司，并在上海、成都、广州设有办事处。Oracle Manufacturing称Oracle企业管理系统，它和Oracle Financials称为Oracle财务信息系统，组成了一套完整的集生产、人力资源、工程、财务、分销为一体的应用产品。

适用特点：Oracle核心优势就在于它的集成性和完整性。这些功能集成在一个技术体系中，对于集成性要求较高的企业，Oracle无疑是理想的选择。但企业如果对开放性要求较高，Oracle显然无法胜任。

3. SSA

SSA是著名的MRPII软件公司，其在北京设立了SSA中国总部，并在上海和广州设有办事处。SSA主要向用户提供的商业计划与控制系统（Business Planning and Control System，简称BPCS）套件，包括财务、分销和制造三大部分，能满足企业在这三个管理领域的大部分需要。

适用特点：SSA为用户设计了快速实施系统的方案，以减少实施的时间成本和风险成本。由于BPCS强大的自定义功能，使实施BPCS的用户无需放弃原来的工作模版，而是根据用户的实际工作情况来裁剪组合系统，以便短时间内上线运用。对于客户化设置要求较多，或者对于实施时间要求较高的企业，采用SSA的BPCS会是一个不错的选择。

4. QAD

QAD公司的软件产品MFG / PRO系统包含分销、制造和财务三大类别的三十六个主要功能模块。QAD的供应链管理系统就是用来帮助建立虚拟工厂的，这个"工厂"将涉及的不同研发者、供应者、装配者、包装者和批发者组织起来，使它们与客户要求保持一致，然后工厂在产品上标以统一商标并获得利润。

适用特点：MFG / PRO系统可以设置成一台机器多个数据库、多台机器单数据库、一台机器分开的数据库、多台机器分散的数据库，这种灵活的数据库配置，可以实现任意数目的用户机同时存取任意数目的数据库服务器，以确保虚拟工厂在不同地区、不同信息环境下协同运作。

5. 用友U9

用友软件股份有限公司是亚太本土最大的管理软件、ERP软件、集团管理软件、人力资源管理软件、客户关系管理软件、小型企业管理软件公司，已形成NC、U8和"通"三条产品和业务线，分别面向大、中、小型企业提供软件和服务。

适用特点：U9主要面向大中型制造业集团企业的高端企业管理软件；U9完全基于SOA架构，在性能优化及伸缩性方面，通过纵向伸缩策略和多线程架构来体现。

6．金蝶

金蝶国际软件集团有限公司是中国第一个Windows版财务软件及小企业管理软件——金蝶KIS、第一个纯JAVA中间件软件——金蝶Apusic和金蝶BOS、第一个基于互联网平台的三层结构的ERP系统——金蝶K/3的缔造者，其中金蝶K/3和KIS是中国中小型企业市场中占有率最高的企业管理软件。

适用特点：金蝶K/3制造系统主要是针对具有离散型生产特点的企业，以财务软件及进销存核算为基础，外加简单制造。

7．易助

神州数码控股有限公司是国内最大的IT分销服务及系统集成商，通过与著名的ERP公司——鼎新的合作，这几年逐步开拓市场，在电力、金融等领域近几年有不俗表现，尤其是其制造部分，具有一定优势。

适用特点：神州数码的易助软件定位于小型企业，针对中小企业业务模式简单需求单一的特点，重点增强了财务模块和进销存模块。此外，产品添加了智能直观的页面，具有使用简单、容易学习的特点。

8．浪潮

浪潮集团有限公司是国家首批认定的规划布局内的重点软件企业，中国著名的企业管理软件、分行业ERP及服务供应商，在咨询服务、IT规划、软件及解决方案等方面具有强大的优势，形成了PS、GS、GSP三大ERP系列产品。

适用特点：浪潮GS企业管理软件是浪潮基于多年服务于大型集团企业信息化建设的经验，并充分吸取国内外著名管理软件的设计思想，专为集团型客户量身定做的一套数据集中、管理集中、决策集中的全面解决方案。

2.5 开源ERP系统比较

要将ERP软件真正与企业融合一体，首先得考虑企业的自身情况，再去选择适合的ERP软件。下面将介绍几款主要的开源ERP软件系统，以供选择，具体如表10-2所示。

表10-2 开源ERP系统比较

名称	ADempiere (Compiere)	Openbravo ERP	恩信	OpenERP	Web ERP	SequoiaERP	Opentaps
授权协议	BSD 协议	PL1.1 协议	GPL 协议	GPL 协议	GPL 协议	GPL 协议	GPL 协议
支持中文	支持（繁体）	支持（简体）	支持（简体）	支持（简体）	支持（繁体）	支持（简体）	支持（简体）

（续表）

编程语言	Java, JavaScript, PL/SQL	Java, JavaScript, PL/SQL	Java	python	PHP	Java,	Java,
数据库环境	JDBC, (API) Oracle	Oracle, PostgreSQL (pgsql)	HSQL, IBM DB2, Microsoft SQL Server, MySQL	PostgreSQL	MySQL	Oracle, Microsoft SQLServer, IBM DB2, MySQL, PostgreSQL,	(API)，BM DB2, MicrosoftSQL MySQL 等，
部署环境	B/S,C/S	B/S	B/S	B/S,C/S	B/S	B/S	B/S
适用企业：规模行业	分销行业，制造业，等	分销行业等	制造业，分销行业等	分销行业等	分销行业等	分销行业，制造业等	分销行业（支持电子商务），制造业等
用户数量	国外最多；国内中等	国外最多；国内较少	国内最多；国内较少	国外最多；国内较少	国外最多；国内最少	国外偏中等；国内少	国外最多；国内少

第3节　客户关系管理系统

客户关系管理系统（Customer Relationship Management，简称CRM）是由全球最具权威的IT研究与顾问咨询公司Gartner Group提出来的，CRM系统的技术已经处于成熟阶段，CRM在研发、维护、安全保障技术上都达到了一定的高度。

3.1　CRM系统的特点

1. CRM系统的技术架构

目前几乎所有的CRM产品都构建在J2EE平台（J2EE平台是目前大型电子商务应用的首

选，它为不同厂商创建平台产品提供了标准，使不同J2EE平台产品之间的交互成为可能）
上，并采用B/S架构，以提供良好的可扩展性和伸缩性。其特点具体有下面几点，具体如
图10-5所示。

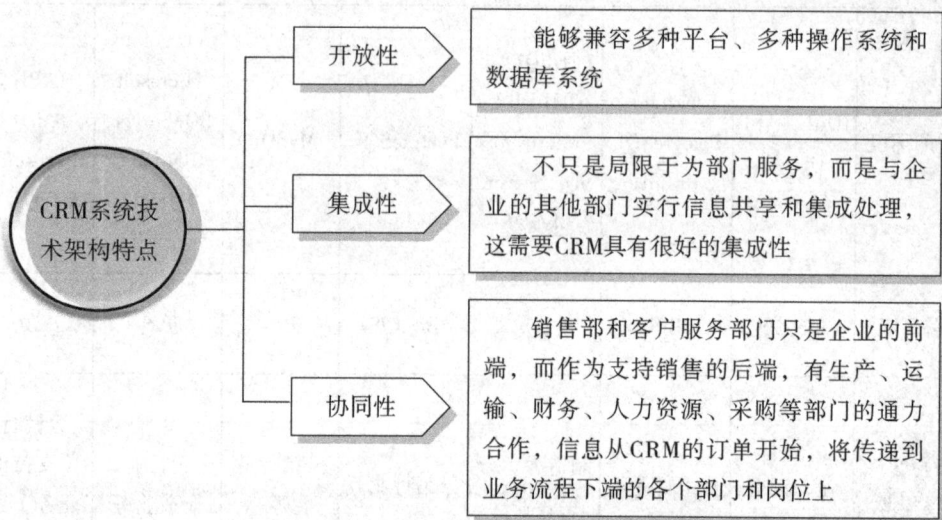

开放性
能够兼容多种平台、多种操作系统和
数据库系统

CRM系统技术架构特点

集成性
不只是局限于为部门服务，而是与企业的其他部门实行信息共享和集成处理，这需要CRM具有很好的集成性

协同性
销售部和客户服务部门只是企业的前端，而作为支持销售的后端，有生产、运输、财务、人力资源、采购等部门的通力合作，信息从CRM的订单开始，将传递到业务流程下端的各个部门和岗位上

图10-5 CRM系统技术架构的三大特点

2．CRM系统的基本功能

CRM系统的基本功能包括客户管理、联系人管理、时间管理、潜在客户管理、销售管理、电话销售、营销管理、电话营销、客户服务等，有的软件还包括了呼叫中心、合作伙伴关系管理、商业智能、知识管理、电子商务等。具体功能描述如图10-6所示。

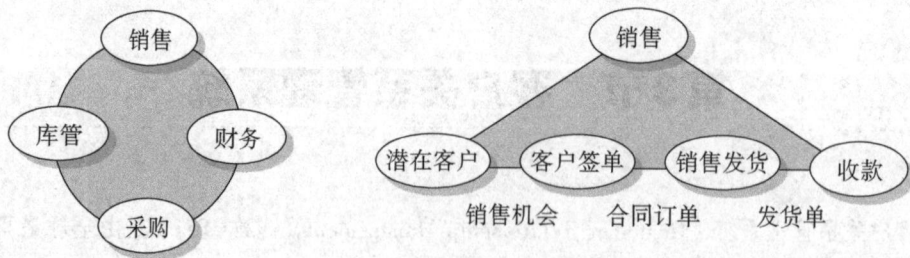

图10-6 CRM系统的基本功能

3.2 CRM项目的实施

CRM给中小企业带来了正面的投资回报。该系统所收集的通信、采购与互动信息加深了企业对客户的了解，简化了知识管理，并能够帮助运用这些知识来提高销售，扩大回报。企业要实施CRM项目，可以参照以下基本步骤。

1．确立业务计划

企业要清楚地认识到自身对于CRM系统的需求，以及CRM系统将如何影响自己的商业活动。在准确把握和描述企业应用需求的基础上，企业应制订一份最高级别的业务计划，力争实现合理的技术解决方案与企业资源的有机结合。

2．建立CRM团队

在CRM项目成立之后，企业应当及时组建一支CRM团队。企业可以从每个拟使用CRM系统的部门中抽选出得力代表组建CRM团队。为保证团队的工作能力，企业应当对团队成员进行计划的早期培训和CRM概念的推广。

3．分析客户需求，开展信息系统初建

CRM团队必须深入了解不同客户的不同需求或服务要求，了解企业和客户之间的交互作用有哪些，以及人们希望它如何工作。客户信息的收集工作和信息系统的初步建设就是建立客户信息文件，一般包括各客户原始记录、统计分析资料和企业投入记录。企业应该根据自身管理决策的需要、客户特征和收集信息的能力，选择并确定不同的客户档案内容，以保证档案的经济性和实用性。

4．评估销售、服务过程，明确企业应用需求

在清楚了解客户需求的情况下，企业应对原有业务处理流程进行分析、评估和重构，制定规范合理的新业务处理流程。在这个过程中，企业应该广泛地征求员工的意见，了解他们对销售、服务过程的理解和需求，并确保企业管理人员的参与。重构流程后，企业应该从各部门应用的角度出发，确定其所需的各种模块的功能，并让最终使用者寻找出对其有益的及其所希望使用的功能。

5．选择合适方案，投入资源全面开发，分段推进

企业在考虑软件供应商对自己所要解决的问题是否有充分的理解和解决的把握，并全面关注其方案可以提供的功能的前提下，选择应用软件和实施的服务商。然后，投入相应的资源推进软件和方案在企业内的安装、调试和系统集成，组织软件实施。

企业应该以渐进的方式实现CRM方案，当需要更多的功能时，再不断向系统添加，这样可以避免系统实现上的混乱。企业先在企业内依需要分部门地布署软件系统，然后再与其他应用系统集成。

6．组织培训

企业应该针对CRM方案实施相应的培训，培训对象主要包括销售人员、服务人员以及管理人员，培训目的主要是使系统的使用对象掌握使用方法，了解方案实现后的管理与维护方面的需要，以使CRM系统能成功运行。

7．使用、维护、评估和改进

企业应通过使用新的系统，如衡量管理绩效的数据监控体系、内部管理报表体系、决策数据及分析体系对企业经营状况作出分析。在此过程中，企业要与系统的供应商一起对系统应用的有效程度进行评估，在使用中发现问题，对不同模块进行修正，不断提高其适用程度。

第4节　供应链管理系统

供应链管理（Supply Chain Management，简称SCM）是对供应链所涉及的组织的集成和对物流、信息流、资金流的协同，以满足用户的需求和提高供应链的整体竞争能力。简言之，供应链管理就是优化和改进供应链活动，供应链管理的对象是供应链的组织（企业）和它们之间的"流"；应用的方法是集成和协同；目标是满足用户需求，最终是提高供应链的整体竞争能力。

4.1　SCM的特点

1．供应链管理的技术基础

实现SCM有两大技术支柱：集成（Integration）和协同（Coordination）。供应链的协同功能以以下三项技术为基础。

（1）现代的信息和通信技术。

（2）过程标定（基准）——以行业的最佳实践（Best Practices或best-in-class）企业的运行效果为基准模板，实行供应链改造的后来者应向这个模板看齐。

（3）高级计划与排产技术（Advanced Planning and Scheduling，简称APS）。APS能够统一和协调企业间的长、中、近期的计划，是SCM的核心。

2．SCM应用内容

供应链计划中的五项基本活动：采购、制造、运输、存储和销售。表10-3是企业供应链计划中的五项活动的近期计划和远期计划内容。

表10-3　供应链计划中的五项基本活动

活动	近期计划	远期计划
采购	应该从供应商购买什么规格和质量的原材料？何时到货	谁应该成为策略供应商？应该与几个供应商建立特殊的关系还是与多数供应商合作

（续表）

活动	近期计划	远期计划
制造	为了更好地利用企业资源，应该如何安排生产？是否应该安排换班	为了在全球范围内向客户提供快速反应，应该在哪里建设工厂？它们应该生产所有产品还是只生产特定产品
运输	如何安排车辆才能取得最佳的运输路线	应该如何建立全球的运输网络？是否应该将此项业务外包
存储	如何制订单履行计划	如何设计营销网络？如何存储物品
销售	按照什么顺序履行对客户的承诺？是否优先销售对企业最有价值的物品	一个计划期间的销售预测如何？如果进行特别的促销活动，生产和分销网络能够应付销售高峰吗

3．SCM模块特点

一般SCM软件都由五个主要的模块组成：需求计划、生产计划和排序、分销计划、运输计划和企业或供应链分析，具体内容如图10-7所示。

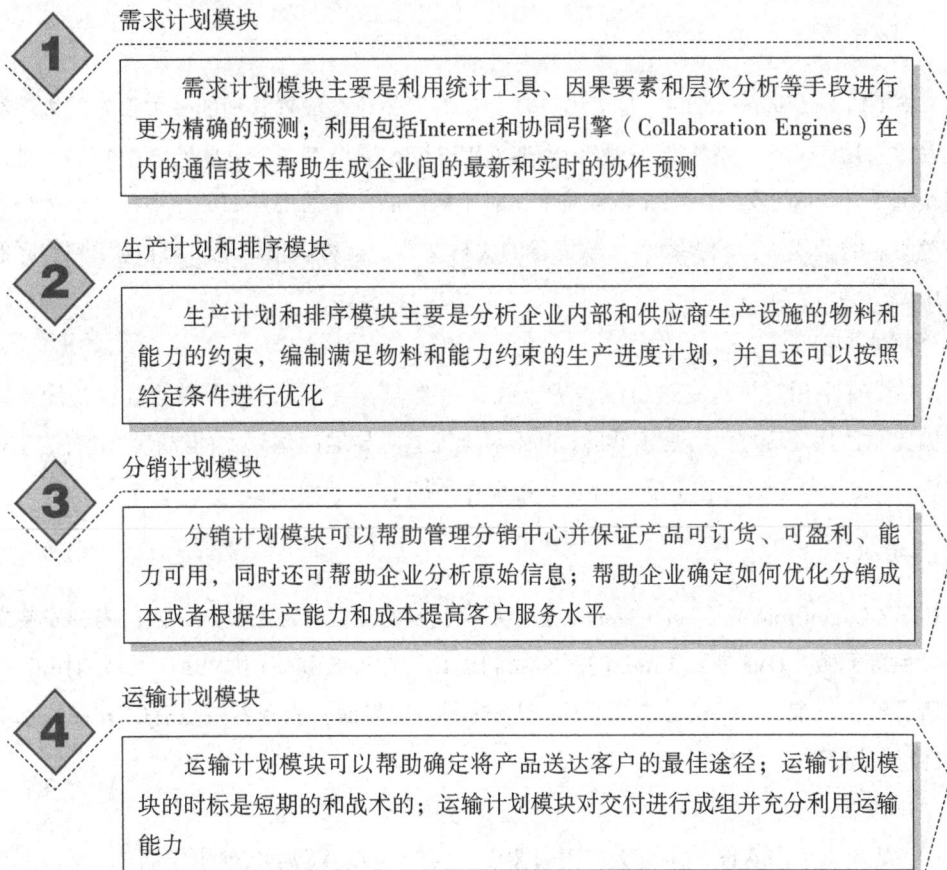

1 需求计划模块

　　需求计划模块主要是利用统计工具、因果要素和层次分析等手段进行更为精确的预测；利用包括Internet和协同引擎（Collaboration Engines）在内的通信技术帮助生成企业间的最新和实时的协作预测

2 生产计划和排序模块

　　生产计划和排序模块主要是分析企业内部和供应商生产设施的物料和能力的约束，编制满足物料和能力约束的生产进度计划，并且还可以按照给定条件进行优化

3 分销计划模块

　　分销计划模块可以帮助管理分销中心并保证产品可订货、可盈利、能力可用，同时还可帮助企业分析原始信息；帮助企业确定如何优化分销成本或者根据生产能力和成本提高客户服务水平

4 运输计划模块

　　运输计划模块可以帮助确定将产品送达客户的最佳途径；运输计划模块的时标是短期的和战术的；运输计划模块对交付进行成组并充分利用运输能力

```
┌───┐  企业或供应链分析
│ 5 │
└───┘  ┌────────────────────────────────────────────┐
        │    企业或供应链分析一般是一个整个企业或供应链的图示模型，能够帮│
        │助企业从战略功能上对工厂和销售中心进行调整；有可能对贯穿整个供应│
        │链的一个或多个产品进行分析，注意和发掘到问题的症结                │
        └────────────────────────────────────────────┘
```

图10-7　SCM模块特点

4.2　常见的SCM工具

与供应链相关的软件可以分为三类：平台软件、中间件软件和应用软件。平台软件一般指操作系统，主要有Windows、Unix和Linux。

中间件软件的三种架构标准（COM/COM+、Java和CORBA）极大地促进了对象中间件技术的发展。国际上中间件软件的开发技术是分别建立在以上三种架构规范上的。国际著名的ERP软件公司，如i2、Oracle、SAP、Baan等，都提供了供应链的专业化解决方案。如Oracle公司在其供应链的解决方案中还加入了先进的商业智能化系统（Business Intelligence System），以更好地体现其供应链的思想和决策支持的功能。

1. VSS

VSS（Visual Source Safe）是美国微软公司的产品，是配置管理的一种很好的入门级工具。易学易用是VSS的强项，VSS采用标准的Windows操作界面，只要熟悉微软的产品，就能很快上手。VSS的安装和配置非常简单，对于该产品，不需要外部的培训（可以为公司省去一笔不菲的费用）。只要参考微软完备的随机文档，就可以很快地将VSS应用到实际的工作当中。

适用特点：

VSS没有采用对许可证进行收费的方式，只要安装了VSS，对用户的数目是没有限制的，因此，使用VSS的费用是较低的；VSS不能提供对异地团队开发的支持；此外，VSS只能在Windows平台上运行，不能运行在其他操作系统上。

2. CVS

CVS（Concurrent Version System）是开发源代码的配置管理工具，其源代码和安装文件都可以免费下载。CVS是源于unix的版本控制工具，在安装和使用CVS前，最好对unix的系统有所了解。目前，CVS的客户端有winCVS的图形化界面，服务器端也有CVSNT的版本，易用性正在提高。

适用特点：

CVS是开发源码软件，无需支付购买费用；同样因为CVS是开发源码软件，没有生产厂家为其提供技术支持；如发现问题，通常只能靠自己查找网上的资料进行解决。

3. Star Team

Star Team是Borland公司的配置管理工具，属于高端工具，在易用性、功能和安全性等方面都很不错。Star Team的用户界面同VSS的类似，它的所有的操作都可通过图形用户界面来完成。同时，Star Team的随机文档也非常详细。

适用特点：

Star Team是按许可证来收费的，比起VSS、CVS来，企业在启动Star Team进行配置管理需要投入一定资金；Borland公司会对用户进行培训，并协作用户建立配置管理系统；同时Borland公司还提供技术升级等完善的支持。

4. Clear Case

Clear Case是Rational公司的产品，也是目前使用较多的配置管理工具。Clear Case的安装和维护远比Star Team复杂，要成为一个合格的Clear Case的系统管理员，需要接受专门的培训。Clear Case提供命令行和图形界面的操作方式，但从Clear Case的图形界面不能实现命令行的所有功能。

适用特点：

除购买许可证的费用外，还有必不可少的技术服务费用，因为没有Rational公司的专门的技术服务，很难发挥出Clear Case的威力；Rational公司已被IBM公司收购，所以有可靠的售后服务保证。

第5节 企业资产管理系统

企业资产管理（EAM）系统是指用计算机系统辅助企业管理好有形资产（如生产设备、厂房设施、交通工具、仪器仪表等），使之物尽其用，能安全运作并保证生态环境不受侵害，同时最大限度地提高维护效益、降低维修成本。

5.1 EAM系统的构成及特点

企业资产管理（EAM）系统是一个集成的设备维护系统，许多商品化的EAM软件都采用模块化的设计手法，允许用户有选择的余地。

1．EAM系统的基本功能

每个EAM系统都自有其特点，模块划分和数量也各不相同，但组成EAM系统的基本成分应该有以下一些功能，具体如图10-8所示。

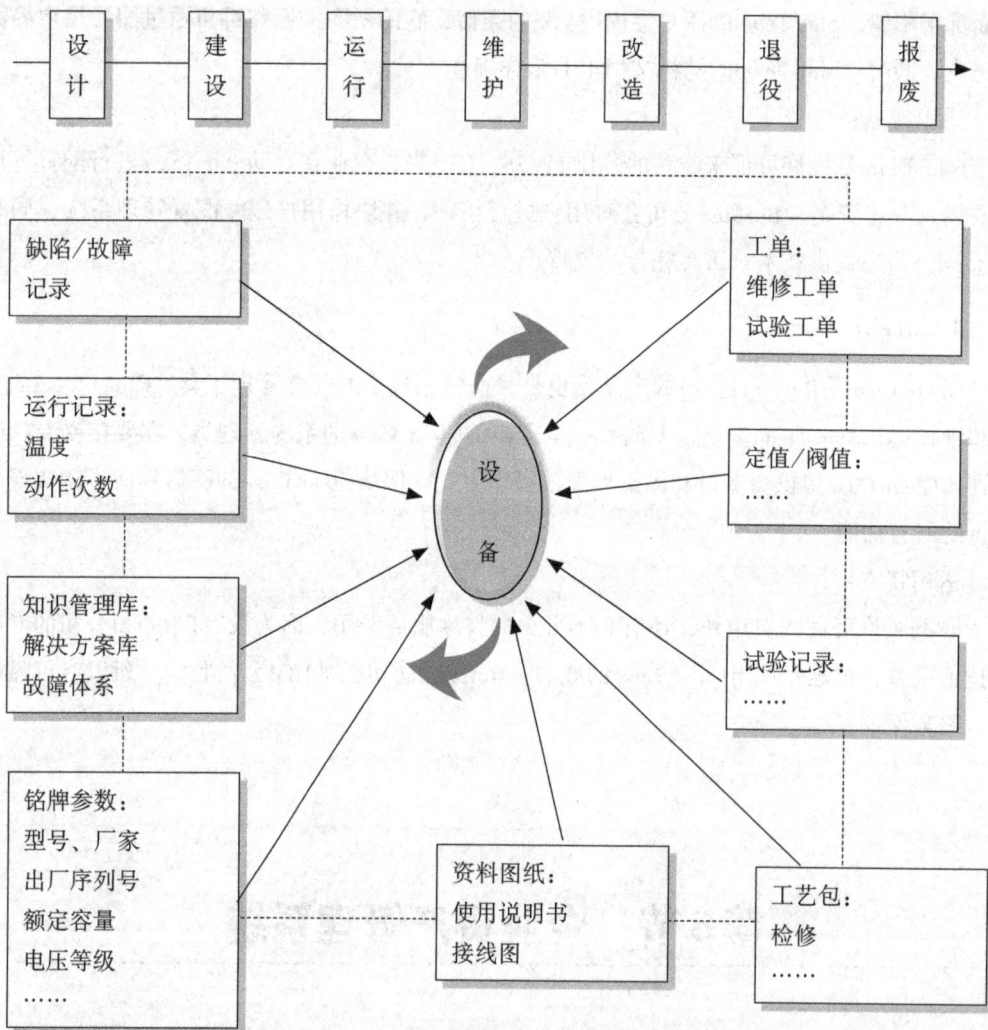

图10-8　EAM系统的基本功能

（1）设备资产和技术管理：建立设备信息库，记录设备运行过程中的技术状态、维护、保养、润滑情况等。

（2）设备文档管理：设备相关档案的登录、整理，以及与设备的挂接。

（3）设备缺陷和事故管理：设备缺陷报告、跟踪、统计，设备紧急事故处理。

（4）预防性维修：以可靠性技术为基础的定期维修、维护，维修计划分解，自动生成预防性维修工作单。

（5）预测性维修：以设备状态检测为基础的预测性维修、维护，自动报警或生成预防性维修工作单，同时通过检测点的记录数据进行设备、备件劣化趋势分析。

（6）维修计划和排程：根据日程表中设备运行记录和维修人员工作记录，编制整体维修、维护任务进度的安排计划，依照计划，根据任务的优先级和维修人员工种情况来确定最终的维修工人。

（7）工作单的生成和跟踪：对自动生成的预防性、预测性维修工单和手工录入的请求工单进行人员、备件、工具、工作步骤、工作进度等计划、审批、执行、检查、完工报告等过程，跟踪每个工单的状态。

（8）备品、备件管理：建立备件台账，编制备件计划，处理备件日常库存事务（接受、发料、移动、盘点等），根据备件最小库存量或备件重订货点自动生成补库计划，跟踪备件与设备的关系。

（9）请购、采购管理：设备、备件、外包服务、低值易耗品的请购、审批、寻价、采购、发票等的处理，对供应商进行管理与分析。

（10）维修成本核算：通过工作单上的人员、时间、所耗物料、工具和服务汇总维修、维护任务成本，累积成本到设备或成本中心，进行实际成本与预算的分析比较。

（11）缺陷分析：建立设备故障代码体系，记录每次故障发生的情况，以便进行故障分析。

（12）统计报表：查询、统计各类信息，包括设备的三率报表、设备维修成本报表、设备状态报表、设备履历报表、备件库存周转率、供应商分析报表等。

（13）系统管理：数据备份，用户权限等系统管理。

2．EAM的内容

EAM的主要对象是设备。随着管理要求的提高，维修管理工作的扩展，EAM的对象也在不断扩大，目前较公认的有以下几类。

（1）地理位置：设备存放物理地址，可以是一些建筑设施，如1号厂房、2号办公楼。

（2）系统：资产和功能位置的组合，能实现一定管理功能，一旦某一部件出现故障就会影响整个系统功能，如冷却系统、通风系统。

（3）功能位置：资产安装确定位置（如电厂已编的KKS码），在设计阶段根据建筑结构和系统功能需要提前确定，如生产线上安装机床、电动机位置。

（4）设备：需维护和修理的具体设备，依靠其运转来实现生产，从而带来产值，如3#电动机。

5.2 EAM系统的实施流程和选择

1．EAM系统的实施流程

与ERP系统的实施相同的是，EAM系统的实施也是一个系统的工程项目。通过对国内外成千上万个企业长年实践中总结出来的经验，按照项目管理的内容依次进行以下主要流程，具体如图10-9所示。

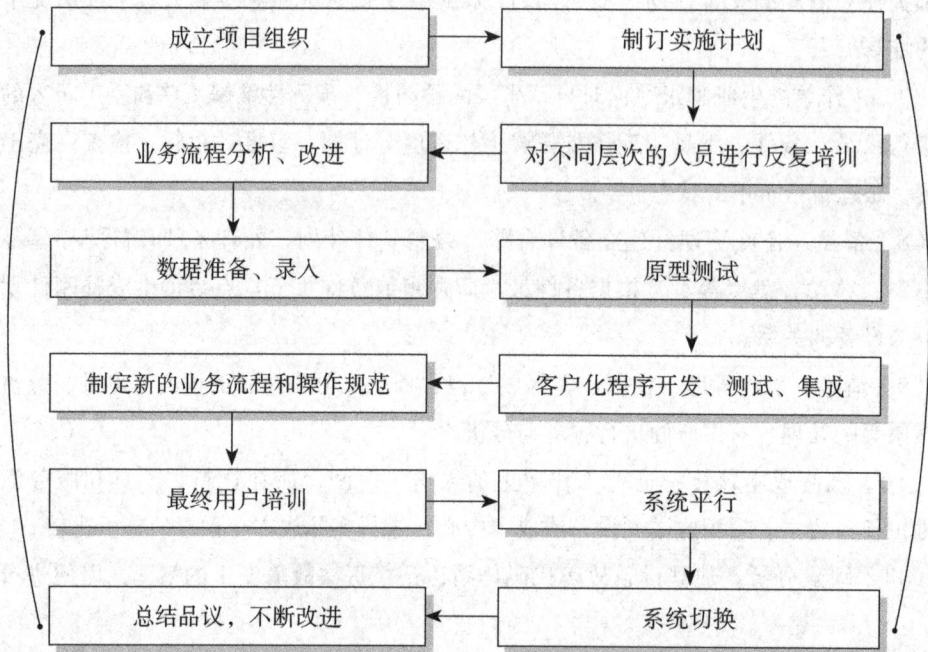

图10-9 ERP的实施流程

2．EAM系统的选择

国际上在EAM或CMMS领域有许多软件开发商和成熟的商品化软件，其基本上可分为以下两大阵营。

（1）单纯的CMMS开发商，如PSDI公司（产品为MAXIMO）、Indus公司（Passport）、Datastream公司（MP2等）等，他们的产品围绕设备管理，可以单独使用。

（2）EAM软件商，他们的ERP产品中存在设备管理模块，如SAP R/3（PM是其设备管理模块）、Marcam（PRISM）、SSA BPCS（Plant Maintanence模块）等，产品要与EAM软件中的其他模块结合，一般不能单独使用。

要点提示

有关各家软件的优劣，专门有独立的评估组织。它们会从软件功能、实施水平、市场占有率、客户满意度等多方面给出评比。国际上较为著名的评估组织有Gartner Group、IDC、Dataquest等，国内的网站有AMT等。

第6节　进销存管理系统

进销存管理系统是一个典型的数据库应用程序，是根据企业的需求，为解决企业账目混乱、库存不准、信息反馈不及时等问题，采用先进的计算机技术而开发的，集进货、销售、存储多个环节于一体的信息系统。

6.1　进销存系统的特点

1．进销存系统功能结构

不同企业的进销存软件系统其功能结构可能有一定的不同，但一定都是围绕着进、销、存而展开的。以下就某企业的进销存系统进行简单介绍。

某企业进销存系统的主要功能模块包括采购管理模块、库存管理模块、委外加工管理模块、销售管理模块和基础信息管理模块等，其具体示例如图10-10所示。

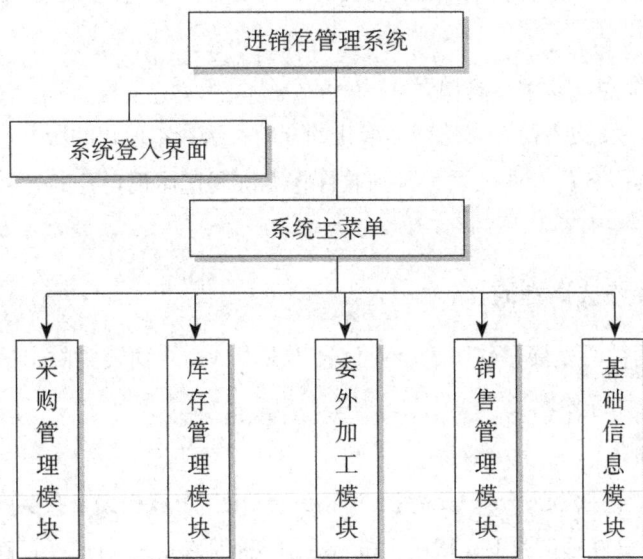

图10-10　进销存管理系统模块示例

2．进销存管理系统功能

进销存管理系统主要实现的功能如图10-11所示。

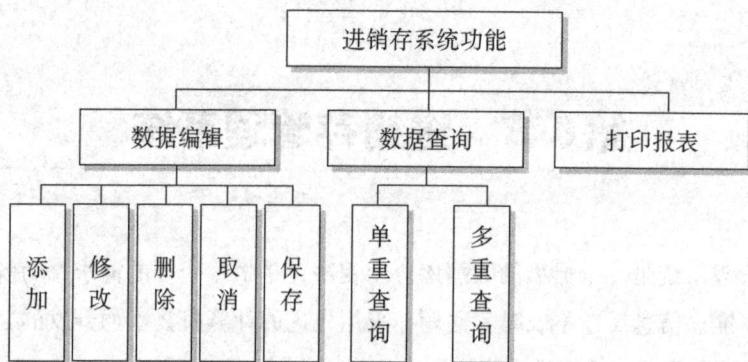

图10-11　进销存管理系统主要功能

6.2　进销存系统的选择

1. 进销存系统选择的要点

市场上的进销存业务管理软件非常多，选择到合适的进销存业务管理软件有助于企业的管理，提高员工的工作效率。在选择进销存系统时要注意以下几点。

（1）功能要全面详细、周到、涉及面广，能够全面反映商品的进、销、调、存和成本、毛利，以及应收、应付等资金往来情况，使企业能够自主、高效、便捷地进行个性化管理。

（2）操作要简单、易学、易用。

（3）在技术上要更着重考虑选择标准化的方向；选择本地化的服务；选择的产品在本地一定要有能提供服务的专业公司，否则软件将无法真正体现自身的效果，也无法保证后续服务。

2. 进销存系统选择指南

进销存管理软件的发展是伴随着企业信息化发展的需求而诞生的，一款好用的进销存软件可以帮助企业更好的发展。

（1）软件功能

企业选型时应抓住核心需求，不要被"乱花"迷眼，可以根据自身实际需要，进行多方面的比较和选择。最好是下载下来试用，进行更深入的了解，这对选择正确的进销存软件将有很大帮助。同时，为了保证选用的进销存软件成功实施，选型时既要切合自身目前需要，又要考虑到企业未来的发展，为企业今后的壮大留有余地。因此，能够升级更新和扩展的进销存软件更为适合。

（2）售后服务

进销存软件如果没有售后服务，就基本上无法长期使用。因此，购买前要咨询清楚该软件提供哪些售后服务，升级是否需要收费，免费服务期限是多长，如果要付服务费那费用多少等。买软件就是买服务，企业在购买时要根据自身的业务状况和经济状况，细心挑选，只有适合的才是最好的。

（3）操作简易

进销存软件一致友好的操作界面及简洁实用的操作方法，对于企业来说是一个无形的帮助。功能及操作的简洁一致也非常重要。有些进销存软件的功能比较强大和齐全，但操作起来感觉像走迷宫一样，需要较长时间的学习，不仅耗费巨大的培训成本，还严重影响使用效率，一旦使用人员变动，又要经过漫长的培训和熟悉过程，对企业来说得不偿失。

（4）整体价格

进销存软件的整体价格大致包括软件价格、实施费用、维护费用、升级费用等。很多企业喜欢买价位很高或者价位过低的正版软件，这是错误的。因为企业购买的关键是适合的进销存软件，而不是购买的价格。价格直接影响服务，如果低于成本价售出，服务就很难有保障。

学习笔记

通过学习本章内容，想必您已经掌握了不少学习心得，请仔细填写下来，以便巩固学习成果。如果您在学习中遇到了一些难点，也请如实写下来，以备今后重复学习，彻底解决这些学习难点。

同时本章给出了大量图表范例，与具体的理论内容互为参照和补充，方便您边学边用，请读者如实填写您的运用计划，以使工作与学习相结合。

我的学习心得：

1. _____
2. _____
3. _____

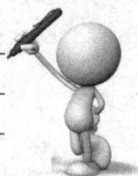

我的学习难点：

1. _____
2. _____
3. _____

我的运用计划：

1. _____
2. _____
3. _____

参 考 文 献

1. 李娇娜. 成本控制. 北京：人民交通出版社，2011
2. 王槐林. 采购管理与库存控制. 北京：中国物资出版社，2004
3. 胡松评. 企业采购与供应商管理七大实战技能. 北京：北京大学出版社，2003
4. 道尔. 战略成本控制（第2版）. 刘俊勇译. 北京：中国人民大学出版社，2013
5. 朱新民，林敏晖. 物流采购管理. 北京：机械工业出版社，2004
6. 李辉. 成本控制看图看板管理与问答. 广州：广东经济出版社，2013
7. 谢勤龙，王成，崔伟. 企业采购业务运作精要. 北京：机械工业出版社，2002
8. 徐哲一，武一川. 采购管理10堂课. 广州：广东经济出版社，2004
9. 高立法，曹云虎. 现代企业成本控制实务. 北京：经济管理出版社，2008
10. 杜晓荣，陆庆春，张颖. 成本控制与管理. 北京：北京交通大学出版社，2007
11. 周宁，谢晓霞，郑筠. 现代企业成本控制与优化. 北京：机械工业出版社，2012
12. 张屹. 物料的配套供应. 北京：经济管理出版社，2005
13. 美国管理行政学院. 成本控制最佳实务. 莫正林译. 北京：经济科学出版社，2006
14. 邱明正. 成本控制力. 广州：中山大学出版社，2012
15. 宗印凤. 企业全面成本控制从入门到精通. 北京：机械工业出版社，2012
16. 周云. 采购成本控制与供应商管理. 北京：机械工业出版社，2009
17. 李政，姜宏锋. 采购过程控制. 北京：化学工业出版社，2010
18. 梁星，李炜. 企业自主式成本控制研究. 北京：中国财政经济出版社，2012

《丰田精益管理：成本控制与管理（图解版）》
编读互动信息卡

亲爱的读者：

感谢您购买本书。只要您通过以下三种方式之一成为普华公司的**会员**，即可免费获得普华每月新书信息快递，在线订购图书或向我们邮购图书时可获得免付图书邮寄费的优惠：①详细填写本卡并以**传真**（复印有效）或**邮寄**返回我们；②登录普华公司官网注册成普华会员；③关注微博：@普华文化（新浪微博）。会员单笔订购金额满300元，可免费获赠普华当月新书一本。

哪些因素促使您购买本书（可多选）

○本书摆放在书店显著位置　　　○封面推荐　　　　　　○书名
○作者及出版社　　　　　　　　○封面设计及版式　　　○媒体书评
○前言　　　　　　　　　　　　○内容　　　　　　　　○价格
○其他（　　　　　　　　　　　　　　　　　　　　　　　　　　　）

您最近三个月购买的其他经济管理类图书有

1.《　　　　　　　　　　》　　2.《　　　　　　　　　　》
3.《　　　　　　　　　　》　　4.《　　　　　　　　　　》

您还希望我们提供的服务有

1. 作者讲座或培训　　　　　　　　　2. 附赠光盘
3. 新书信息　　　　　　　　　　　　4. 其他（　　　　　　　）

请附阁下资料，便于我们向您提供图书信息

姓　　名　　　　　　　　　联系电话　　　　　　　　职　　务
电子邮箱　　　　　　　　　工作单位
地　　址

地　　址：北京市丰台区成寿寺路11号邮电出版大厦1108室　北京普华文化发展有限公司（100164）

传　　真：010-81055644

读者热线：010-81055656　81055641

编辑邮箱：fulu@puhuabook.cn

投稿邮箱：puhua111@126.com，或请登录普华官网"作者投稿专区"。

投稿热线：010-81055633

购书电话：010-81055656

媒体及活动联系电话：010-81055656　　　　邮件地址：hanjuan@puhuabook.cn

普华官网：http://www.puhuabook.cn

博　　客：http://blog.sina.com.cn/u/1812635437

新浪微博：@普华文化（关注微博，免费订阅普华每月新书信息速递）